Die LYRIKEDITION 2000 wird herausgegeben von
Heinz Ludwig Arnold

Gespräche, Diskussionen, Polemiken, Portraits und Essays zu den zeitlosen Themen der Poesie von Ulrich J. Beil, Ulrike Draesner, Kurt Drawert, Hans Magnus Enzensberger, Durs Grünbein, Lutz Hagestedt, Ulla Hahn, Kerstin Hensel, Walter Höllerer, Niklas Holzberg, Friedhelm Kemp, Karl Krolow, Günter Kunert, Anton G. Leitner, Mario Luzi, Kurt Marti, Ilma Rakusa, Joachim Sartorius, Kathrin Schmidt, Paul Wühr, Andrea Zanzotto und anderen. Mit einem Brief von Günter Grass an den Herausgeber.

Experimente mit dem Echolot

Der modernen Dichtung auf den Grund gehen

Die besten Aufsätze aus zehn Jahren DAS GEDICHT
Herausgegeben von Anton G. Leitner

LYRIKEDITION 2000

Die LYRIKEDITION 2000 ist ein BoD™-Verlag der Buch & medi@ GmbH, München. Dieser Verlag publiziert ausschließlich Books on Demand in Zusammenarbeit mit der Books on Demand GmbH, Norderstedt, und dem Hamburger Buchgrossisten Libri. Die Bücher werden elektronisch gespeichert, auf Bestellung gedruckt und sind somit nie ›vergriffen‹. Books on Demand sind über den klassischen Buchhandel und Internet-Buchhandlungen zu beziehen.

Weitere Informationen über den Verlag und sein Programm unter:
www.lyrikedition-2000.de

Rechtschreibung auf Wunsch der einzelnen Autorinnen und Autoren.

April 2002
LYRIKEDITION 2000
Ein BoD™-Verlag der Buch & medi@ GmbH, München
© 2002 Buch & medi@ GmbH
© 2002 für die Auswahl: Anton G. Leitner
© der Einzelbeiträge bei den Autoren
Umschlaggestaltung: Bauer+Möhring, Berlin
Herstellung: Books on Demand GmbH, Norderstedt
Printed in Germany · ISBN 3-935877-13-7

Inhalt

Heinz Ludwig Arnold · Editorial 7
Anton G. Leitner · Poesie, ein geistiges
Grundbedürfnis des Menschen 9

Gespräche

Anton G. Leitner · Existenz im Konjunktiv
Gespräch mit Karl Krolow 15
Michael Kohtes · Im Niemandsland der Stimmen –
Der Patient als Poet. Interview mit Prof. Leo Navratil 28

Diskussion

Ulrich J. Beil · Gibt es das »europäische« Gedicht?
Fragen und Überlegungen 39
Joachim Sartorius · Das »europäische« Gedicht gibt es nicht 45
Mario Luzi · Nur der ewig gleiche Brei im alten Kessel?
Eine Forderung nach poetologischer Katharsis 47
Ulla Hahn · Glücklich, wer in mehreren
Häusern zu Hause ist 50
Andrea Zanzotto · Die kleinen Bewohner
eines kleinen Kontinents 53
Kurt Drawert · Europa als Mythos und Projektion 57
Paul Wühr · Jeder europäische Dichter ist unter vielen
anderen europäischen Dichtern der einzige 61
Friedhelm Kemp · Exportiert, imitiert, abgewandelt 63
Ulrike Draesner · Ineinandergesteckte Puppen 65
Kathrin Schmidt · Wirtschaftsflüchtling Poesie 70
Günter Grass · Brief an den Herausgeber 73
Hitliste der Jahrhundertdichter 75
 Liste der deutschsprachigen Jahrhundertdichter 76
 Liste der internationalen Jahrhundertdichter 79
Ulrich J. Beil · Der andere Parnaß
Resümee zu einer Umfrage 83

Ulrich J. Beil · Lässt sich über Lyrik streiten?
Ein Thesenpapier als offener Brief 94
Walter Höllerer · »Woher kommen wir? Wo sind wir?
Wo geraten wir hin?« Thesen zum langen Gedicht:
Ein Vergleich der Diskussion von 1965 / 1966
mit der gegenwärtigen Debatte 100
Durs Grünbein · »Gedichte –
Drehungen eines Taschenspiegels« 103
Günter Kunert · »Das Gedicht,
der letzte Ort der Wahrheit« 104
Ilma Rakusa · Lang- oder Kurzgedicht,
eine Alibi-Diskussion? 106

Polemik

Kerstin Hensel · Freie Verse – Aufforderung zur Faulheit? 111
Anton G. Leitner · Abpfiff für eine Dichterriege!
Von den Chancen der Lyrik nach der Jahrtausendwende .. 115
Hans Magnus Enzensberger · Selbstgespräche
eines Verwirrten 122

Ewige Themen der Poesie

Niklas Holzberg · »Gib mir tausend Küsse, dann noch hundert …«
Catull und das Verhältnis der Geschlechter im alten Rom 127
Henning Ziebritzki · Experimente mit dem Echolot
Zum Verhältnis von moderner Lyrik und Religion 135
Kurt Marti · Poesie ist Moral. Fast ein Manifest 146

Portrait

Ulrich J. Beil · »Lyric of belatedness« oder
Wer hat Angst vor John Ashbery? 151
Lutz Hagestedt · Ob Sage oder Rede
Paul Wühr und das Gedicht 163

Die Autorinnen und Autoren 172

Heinz Ludwig Arnold
Editorial

Als mich im Frühjahr 2000 der Verleger Wolfram Göbel anrief und mir vorschlug, mit ihm zusammen einen BoD-Verlag für Lyrik aus der Taufe zu heben, war ich animiert und skeptisch zugleich: animiert, weil ich erkannte, daß die Wiederaufnahme wichtiger und längst vergriffener Gedichtbände und ihr Angebot auf dem Büchermarkt so relativ einfach möglich sein würde, skeptisch, weil ich befürchtete, daß nun ebenso einfach, für nur geringes Eigenkapital, jede und jeder die eigenen unzureichenden oder noch pubertären Gedichte in einem seriösen Ensemble aufladen könnte. Zwar wollte ich Autoren, deren Werk nur noch als Bibliographie vorhanden war, gern wieder in ihren Büchern les- und handelbar machen, aber nicht um den Preis qualitativer Aufweichung.

Nachdem ich einige befreundete Lyrikerinnen und Lyriker auf die neuen Publikationsmöglichkeiten hingewiesen und mit ihnen die Vorteile, aber auch die damit zusammenhängenden Probleme durchgesprochen hatte, ergab sich, daß fast alle bei dem Experiment mitmachen wollten unter der einen Bedingung, daß es eine strikte Programmplanung geben müsse.

Und so begannen wir, der LYRIKEDITION 2000 eine substantielle Basis zu bauen mit dem Nachdruck wichtiger Lyrikbände aus den vergangenen dreißig Jahren, die es schon lang nicht mehr gab. Und nach und nach brachten wir, erst von den Autoren, die schon mit einem älteren Band vertreten waren, dann auch von jungen Lyrikern zunehmend neue Gedichtbände heraus. Inzwischen hat es sich herumgesprochen, was diese LYRIKEDITION 2000 ist, und es kommen immer mehr Manuskripte ins Haus, so daß wir dabei sind, das Programm über die ursprünglich geplanten 12 Bände im Jahr hinaus zu erweitern.

Mit seiner Zeitschrift DAS GEDICHT hat sich seit über zehn Jahren Anton G. Leitner mit Erfolg der lyrischen Vermittlungsarbeit gewidmet: Gedichte publizierend und kritisch analysierend. Eine Essenz dieser erfolgreichen Arbeit für das Gedicht stellt dieser erste Band in der LYRIKEDITION 2000 dar, in dem nur *über* Gedichte gesprochen und geschrieben wird – ein erster Schritt zur Erweiterung unseres Programms, in dem von nun an in unregelmäßiger Folge auch kritische und theoretische Arbeiten zur Lyrik erscheinen sollen, Essays, aber auch Biographisches – und Akademisches nur dann, wenn es erzählt und lesbar ist.

Göttingen, im Februar 2002   Heinz Ludwig Arnold

Anton G. Leitner

Poesie, ein geistiges Grundbedürfnis des Menschen

Die einen mögen sich ihres Hungers nach Lyrik noch gar nicht recht bewußt sein. Die anderen fürchten das Irrationale, scheinbar nicht Entschlüsselbare, was ihrer Ansicht nach moderne Kunst, insbesondere Lyrik, zur Sache von »Eingeweihten« macht. Wieder andere verlieben sich oder verlieren plötzlich einen geliebten Menschen. Letztere erfahren, daß das Leben selbst von einem Tag auf den anderen ihren Alltag auf den Kopf stellt, auf einmal Glück oder Unglück, Freude oder Leid über sie bringt.

Es sind die schicksalhaften »ewigen Themen« wie Liebe, Tod, Natur, Religion, Politik im (bereits antiken) Sinne von Gemeinwesen, die uns unter die Haut gehen, unsere Existenz berühren und zeigen, daß es eine Welt jenseits der Notierungen von Aktienkursen, jenseits von Fußballergebnissen oder globalen Konzern(kon)fusionen gibt.

Seit jeher verbalisieren Verskünstlerinnen und -künstler gerade die »ewigen Themen« der Menschheit. In unserem Kulturkreis taten dies Sappho, Homer, Ovid, Horaz, Catull genauso wie Walther von der Vogelweide oder Gottfried Benn und Karl Krolow. Friederike Mayröcker, Hans Magnus Enzensberger, Robert Gernhardt, Ulla Hahn, Günter Kunert, Durs Grünbein, Ulrike Draesner und viele andere tun es heute.

Natürlich liest sich ein Gedicht von Ulrike Draesner anders als die Verse ihrer dichterischen Urahnin Sappho. Dies ist wenig überraschend, denn es wäre seltsam, wenn sich im Laufe von mehr als zwei Jahrtausenden die Sprache und ihre Möglichkeiten nicht verändert hätten. Wer sich aber vorbehaltlos auf Ulrike Draesners Dichtung einläßt, wird schnell feststellen, daß viele der dichterischen Mittel und Werkzeuge (z. B. Stilfiguren) gleich geblieben sind. Und daß sowohl Sappho als auch Ulrike Draesner die Welt mit ihren Gedichten auf den Kopf stellen.

Ich selbst sehe es als wichtige Aufgabe an, unbegründete Vorbehalte und (Verständnis-)Ängste gegen moderne Dichtung abbauen zu helfen. Manchmal setze ich auch ungewöhnliche Strategien wie das millionenfache Bedrucken von Brot- oder Zuckertüten mit Gedichten ein, um Menschen zurück zur Poesie – und damit auch ein Stück mehr zu sich selbst – zu bringen. Deshalb werfen mir einige »missionarischen Eifer« oder »Kommerzialität« vor.

Einzelne Dichter und Herausgeber halten noch immer die geringe Verbreitung ihrer Werke für ein besonderes Qualitätsmerkmal. Daß sie dies auch aus Gründen des Selbstschutzes tun, um am mangelnden Interesse ihrer Umgebung nicht zu verzweifeln, liegt auf der Hand. Genausowenig wie mangelnde Resonanz bei Lesern als Kriterium für inhaltliches Niveau herangezogen werden kann, darf andererseits von einem großen Verbreitungsgrad nicht automatisch auf inhaltliche Qualität geschlossen werden (man denke nur an die Omnipräsenz der sog. Regenbogenpresse).

Wenn ich unterwegs bin, besuche ich zuerst immer *die* literarische Buchhandlung vor Ort (vor allem, um dort selbst Bücher zu kaufen). Als ich vor einigen Jahren einen engagierten Buchhändler in Kiel, dessen Ruf weit über die Grenzen seiner Stadt hinausgeht, besuchte, drückte er mir den ganzen Stapel einer Literaturzeitschrift in die Hand, die sich elitär gibt, aber von der äußeren Aufmachung her eher einer Schülerzeitung aus den 80er Jahren gleicht. »Nehmen Sie die Hefte mit und verschenken Sie sie«, sagte er, »denn solche schon von der Gestaltung her unverkäuflichen Zeitschriften, in denen inhaltlich neben hermetischer Lyrik germanistische oder pseudogermanistische Fachsprache dominiert, führen dazu, daß selbst Buchhändler wie ich keine Lust mehr haben, Literaturzeitschriften im Sortiment zu behalten.«

Diese Worte habe ich nicht vergessen. Sie haben mich bestärkt, bei meiner eigenen Zeitschrift DAS GEDICHT neben dem Inhalt auch auf das Erscheinungsbild (d. h. Layout) zu achten. Seit einem Jahrzehnt dient mir die »Zeitschrift für Lyrik, Essay und Kritik« als hauptsächliches Vermittlungsinstrument. Im GEDICHT drucken wir nicht nur zahlreiche Erstveröffentlichungen namhafter und unbekannter Autorinnen und Autoren ab, sondern begleiten jeweils die lyrische Produktion eines ganzen Jahres mit kritischer Aufmerksamkeit. In der Mitte der Zeitschrift, d. h. im Zentrum von DAS GEDICHT, steht der Essayteil. Darin versuchen wir mit Diskussionen, Interviews, Portraits, Hintergrundberichten und Polemiken die »moderne Dichtung« auszuloten. Wir stehen bei vielen unserer prominenten Autoren im Ruf, diesen Teil besonders streng zu redigieren, weil wir in der Tat strikt darauf achten, die unnötige Anballung oftmals ermüdender Fachterminologie zu vermeiden.

Als mich Heinz Ludwig Arnold und Wolfram Göbel anläßlich des zehnjährigen Bestehens von DAS GEDICHT eingeladen haben, daraus einen Querschnitt meiner liebsten Essays für ein eigenes Buch in der LYRIKEDITION 2000, den ersten Theorieband in ihrer Edition, zusammenzustellen, hat mich diese Aufgabe sofort gereizt. Ich habe Texte ausgewählt, die nach meinem Empfinden geeignet sind, die Lust an der Beschäftigung mit moderner Dichtung zu wecken und ihr »auf den Grund zu gehen«. Daß dies manchmal auch mit provozierenden spielerischen Mitteln (wie der millionenfach nachgedruckten »Liste der Jahrhundertdichter«) und einem Augenzwinkern geschieht, gehört zu meinem dargelegten Anliegen.

Nach Hölderlin hat sich die Poesie als »das unschuldigste aller Geschäfte« erwiesen. Kurt Marti bekräftigt in dieser Sammlung Hölderlins These. »Inmitten von Gewaltrechtfertigung und Gewaltverherrlichung ist die Poesie vergleichsweise integer geblieben«, schreibt er. Dies ermutigt ihn zu der Behauptung, »dass Poesie ihrem Wesen nach Moral« ist. »Gedichte«, so Marti weiter, »vermögen der Forderung nach schneller (Waren-)Zirkulation nicht zu entsprechen, sie wollen im Gegenteil dauerhaft sesshaft werden im Gedächtnis, im Gehirn, in den Sinnen«.

Wenn dieser essayistische Querschnitt aus zehn Jahren DAS GEDICHT ein wenig zur Seßhaftigkeit von Poesie im Gedächtnis beiträgt oder gar Lust auf mehr Lyrik macht, hat sich die Arbeit der Autorinnen und Autoren und des Verlages gelohnt.

Weßling, im Februar 2002   Anton G. Leitner

Gespräche

Anton G. Leitner

»Existenz im Konjunktiv«
Gespräch mit Karl Krolow

Bereits 1985 erschien bei Suhrkamp die Kassette »Karl Krolow, Gesammelte Gedichte 1-3«.

Fast ein Jahrzehnt später, im Jahr 1994, legte derselbe Verlag Krolows »Etwas brennt. Gesammelte Prosa« vor, einen rund fünfhundert Seiten starken Band. Zwischen 1985 und 1994 veröffentlichte Karl Krolow neben weiteren Büchern im Suhrkamp Verlag die Lyriktitel »Als es soweit war« (1988), »Auf Erden. Frühe Gedichte« (1989) und »Ich höre mich sagen« (1992).

Im Frühjahr 1995 brachte das Frankfurter Haus zu seinem achtzigsten Geburtstag den aktuellen Gedichtband »Die zweite Zeit« heraus (10 Gedichte aus dieser Sammlung hat der Jubilar bereits 1993 und 1994 in den Ausgaben 1 und 2 von DAS GEDICHT zum ersten Mal veröffentlicht).

Obwohl auch Krolows essayistische und literaturkritische Tätigkeit, über die Jahre hin zusammengenommen, etliche weitere Bücher füllt und er ein stattliches prosaisches Werk aufweisen kann, bildet die lyrische Arbeit mit der seit Gottfried Benn einzigartigen Kontinuität den Kernbereich seines literarischen Schaffens.

Anton G. Leitner besuchte Karl Krolow, den nicht wenige für den bedeutendsten deutschsprachigen Dichter der Gegenwart halten, am 8.10.1994 in Darmstadt, Park Rosenhöhe, und führte mit ihm in seinen Atelierräumen das folgende Gespräch.

Karl Krolow: Ich denke, daß Sie ja auch als Herausgeber und Verantwortlicher der Zeitschrift DAS GEDICHT kommen, einer Zeitschrift, die zwar nur einmal im Jahr erscheint, aber von einer an die Akribie grenzenden Genauigkeit, Sorgfalt zeugt. Ich denke dabei gar nicht einmal an die Beiträge – die natürlich, die sind es – aber ich sehe mir einiges an, was sonst noch am Rande steht: sorgfältig, korrekt, sehr korrekt – da ist nichts geschlampt, würde ich sagen. Wichtig ist für die Qualität, für den Eindruck, den ein Unternehmen dieser Art hinterläßt, daß es sozusagen keine unsauberen, schlampigen Stellen gibt. Und dies hat mich doch beeindruckt, auch das gehört zur Güte einer derartigen abenteuerlichen Unternehmung. Ich meine, das Abenteuer und die Zeitschrift sind ja nun eigentlich ein Synonym und so empfinde ich nicht nur Ihr GEDICHT, sondern überhaupt alle Versuche dieser Art. Es ist ein abenteuerlicher Versuch, ein für die Herausgeber ganz und gar notwendiger, lebensnotwendiger Versuch, der dahinter steht und der ihnen eben auch diese Exaktheit mitgibt. Dies hat schon Niveau und Sie werden es halten, daran zweifle ich überhaupt nicht.

Anton G. Leitner: *Das freut mich natürlich sehr.*
Herr Krolow, Sie vollenden am 11. März 1995 Ihr 80. Lebensjahr. Der große italienische Dichter Giuseppe Ungaretti schrieb einmal: »*Der Autor hat keinen anderen Ehrgeiz, und glaubt auch, daß die großen Dichter keinen anderen hatten, als eine eigene schöne Biographie zu hinterlassen.*« *Wie er konnten Sie nahezu ein ganzes Leben lang Gedichte schreiben und wurden für viele jüngere Lyriker zu einem ›poetischen Ziehvater‹.*
Für mich als jungen Menschen, der sich mit Literatur auseinandersetzt und selbst versucht zu schreiben, ist die über ein halbes Jahrhundert lang maßgeblich präsente, dichterische Stimme Karl Krolows eine Faszination. Sie sind mir bereits in der Schule begegnet und schon damals war es für mich aufregend, die Wandlungen in Ihrem Werk mitzuvollziehen. Angefangen haben Sie mit Naturlyrik, ich habe damals gewisse Parallelen zu Wilhelm Lehmann und Oskar Loerke gesehen; dann die surrealistische Einfärbung Ihrer Lyrik, danach die Lakonie: freie, reimlose Verse; und schließlich der ›Parlandoton‹ in den sechziger und siebziger Jahren, der Ihren Gedichten damals diese unverwechselbare, melodische Leichtigkeit verlieh, dieses Schwebende, diese Helligkeit; ich denke an Verszeilen wie »*Jemand schüttet Licht / Aus dem Fenster. / Die Rosen der Luft / Blühen auf …*«.
Sie haben einmal gesagt, Sie wären mit der Zeit immer beteiligter geworden. Während Sie sich in den früheren Gedichten ›aus dem Spiel‹ hielten, brachten Sie sich mit den Jahren immer

mehr ›ins Spiel‹, um es mit Ihren eigenen Worten auszudrücken. Sie mischten sich mit Ihren Gedichten auch in die Politik ein, wenn es nötig schien, bezogen als Lyriker deutlich Stellung, ohne dabei in Parolen oder Agitprop zu verfallen.
In Ihrem Spätwerk, das mit spitzer Feder geschrieben ist, provozieren oder besser irritieren Sie nun, indem Sie auf strenge Formen wie Sonette, Terzinen oder Sestinen (was an Ihr Frühwerk erinnert) zurückgreifen und diese dadurch ›beschädigen‹, daß Sie darüber ironische, manchmal auch zynische und bissige Inhalte transportieren. Selbstironie bleibt genausowenig ausgespart wie die unerbittliche Beschreibung des Alterns, des Abschiednehmens, manchmal tragikomisch verfremdet. Durch das Zitieren von Jargon enttarnen Sie die Verflachung der politischen Rede und dokumentieren den Verfall unserer alltäglichen Sprachkultur.
Die Frage nach einem ganzen Lebenswerk läßt sich nicht mit wenigen Sätzen beantworten. Sie sind Hannoveraner von Geburt und leben in Darmstadt, seit Sie dort 1956 mit dem ›Georg-Büchner-Preis‹, der angesehensten literarischen Auszeichnung in Deutschland, geehrt wurden.

Karl Krolow: Ja, seit 1956, das ist zugleich auch das Jahr dieses Preises, hat aber miteinander nichts zu tun. Es ist mehr durch die seinerzeit hier für die Kultur und die Ansässigkeit von Literatur und den Künsten verantwortlichen Leute in der Stadtverwaltung bedingt. Ich hatte das Glück, daß sich jemand, der damals noch nicht einmal im Kulturbetrieb war, sondern ein kleiner junger Redakteur bei der Zeitschrift der deutschen Akademie für Sprache und Dichtung – die gab's einmal, wir hatten eine Zeitschrift in dieser Akademie – über die Kulturabteilung zum Oberbürgermeister hochgearbeitet hat.

Darmstadt hat überhaupt Glück gehabt mit seinen Oberen nach dem Kriege. Sie hatten alle diesen Ehrgeiz mit dem Namen Darmstadt, der ja mit einigem verbunden ist, durch den letzten Großherzog und seine Kunstneigung, durch den Jugendstil der Darmstädter Art. Ich habe gerade in einem hessischen Tagblatt gelesen, wie stark das Darmstädterische in der Kunst hervorkam. Sonst wäre ich nicht in Darmstadt. Ich will sagen, das war hier ein Fokus, ein Brennpunkt für die Künste – dies fortzusetzen nach '45, aus den schwierigen Anfangszeiten heraus, ist ziemlich gut gelungen. Es gab Schwankungen, was zum Teil mit dem Wechsel der Personen zu tun hatte, aber dennoch ist es verglichen mit Hannover – gegen das ich hier nichts sagen kann und will – nicht einen Augenblick Provinz; es ist natürlich eine Provinzstadt, aber während mir das in dem ja auch geographisch schon etwas abgelegeneren Niedersachsen bewußt war, egal ob Göttingen oder Hannover, habe ich hier nie das Gefühl von Provinz gehabt.

Und ich sah eine Chance in dieser Einladung der Stadt, die bis zu Kleinigkeiten großzügig war, nicht nur im Beschaffen der Wohnung; wir haben zunächst auf der Mathildenhöhe in einem normalen Dreifamilienhaus gewohnt (sehr schön die Gegend und sehr musisch), bis wir hier '67 einzogen und seitdem manchmal so vom Grünen abgeschirmt sind, daß es ein bißchen unheimlich wird für uns. Die Welt beginnt erst jenseits jenes Tores mit den ondulierten Löwen, die Sie vielleicht vorhin gesehen haben und die teilweise auch wieder zum Leben erweckt werden mußten nach dem Krieg. Beschädigungen, die gerade diese Stadt auch erheblich hatte, noch erheblich mehr als Hannover zum Beispiel, das auch genügend abbekommen hat.

Darmstadt lag am Boden, es lag noch am Boden, als wir hier '56 herkamen, es waren nichts als Trümmer, fast nichts als Trümmer. Und gut, gut, die wenigen Wohnungen hat man eben damals schon diesem Kunstbereich Mathildenhöhe, später auch Rosenhöhe, zugedacht, ihn teilweise für ganz bestimmte Berufe reserviert.

Anton G. Leitner: *Um auf Ihr Werk zurückzukommen: Sie waren 41 Jahre alt, als Sie den ›Büchner-Preis‹ erhalten haben.*

Karl Krolow: Ich habe mit 41 Jahren den ›Büchner-Preis‹ bekommen. Und es gab Leute, einen Herrn zum Beispiel, der in der Süddeutschen Zeitung darüber schrieb, das wäre ja schon viel zu alt, Büchner wäre nur 23 geworden und ja, ich bin heute einer der jüngsten ›Büchner-Preisträger‹, immer noch, sie sind immer älter geworden über die Jahrzehnte. Es gab Ausnahmen, es gibt welche, die ihn eben eher bekommen haben, die Ingeborg Bachmann war ein paar Jahre jünger, und der Peter Handke war auch ein paar Jahre jünger, und vielleicht fällt mir noch einer ein; aber jedenfalls sind das kein halbes Dutzend unter den – ja ich weiß nicht – wievielen jetzt. Ich meine, wir haben jede Altersklasse, beinahe bis zu 80.

Das heißt, wenn ich ihn jetzt bekäme, wäre ich wahrscheinlich doch der Älteste. Aber daran denkt keiner und ich denke sowieso nicht daran, sondern eher an das Jenseits des nächsten Frühjahres 1995 und die Tatsache des 80. Geburtstags, ob ich will oder nicht, ob ich lebe oder nicht mehr lebe, ob ich verschwunden bin oder nicht. Einige haben sich schon derart festgelegt, daß sie das Programm kaum ändern würden. Ich meine damit Rundfunkstationen und Lesungen, Lesungen auch ohne mich, ein Allerlei von Vorbereitungen. Das ist keine Riesensache, das ist im Grunde alles in einem halbstillen Bereich.

Anton G. Leitner: *War denn zu der Zeit, als Sie den ›Büchner-Preis‹ zuerkannt bekamen, auch schon Prosa von Ihnen veröffentlicht, zum Beispiel Erzählungen?*

Karl Krolow: Bis 1956 war ich vor allem als Lyriker, aber auch als Übersetzer und Kritiker durch Publikationen präsent. Meine Prosa entstand viel später. Der neue Sammelband »Etwas brennt« faßt Prosa aus den Jahren 1979 bis 1987 zusammen. Er bezieht sich auf eine Zeitspanne, die für mich schon wieder eine erhebliche Entfernung von heute hat.

Ich weiß nicht, wenn ich Prosa schriebe, wie die heute aussähe, es hat keinen Zweck, zu spekulieren, in mancher Hinsicht anders, aber auch doch wiederum verwandt. Ich konnte nicht anders und kann auch nicht anders und helfen tut mir sowieso kein Gott und schon gar kein Kollege.

Ich habe in »Etwas brennt« gerade gestern abend wieder aufmerksam gelesen, angeregt durch ganz bestimmte Umstände, die mit meiner Krankheit, meinen Krankheiten zu tun haben. Nun gut, ich fand manches übersensibilisiert und überpoetisiert, aber auch eine im Zwischenbereich des Bewußtseins und des Fühlens und des Reagierens angesiedelte ›Anti-Action-Prosa‹, die sich, naja, vielleicht doch noch ein bißchen sehen lassen kann. Damals war wirklich das Erstaunen ziemlich groß, denn das hat einem ja keiner mehr zugetraut. Ich meine, ich war immerhin, aber das haben Sie nachlesen können, Mitte Sechzig.

Ich hatte einige Lust dazu. So was nimmt man sich nicht vor, das kommt, das kommt, das kommt. Ich hab mir das damals nicht vorgenommen, mein Gott. Es gab vorherige Ansätze; es gab die »Minuten-Aufzeichnungen«, meine erste Prosa überhaupt, die hier zunächst im ›Darmstädter Echo‹, in einer Zeitung, erschien. Alle vierzehn Tage, drei Wochen oder einmal im Monat, ich weiß nicht mehr genau, jedenfalls in einem bestimmten Abstand. Daraus ist dann dieses Buch geworden, das sie leider nicht mehr in die »Gesammelte Prosa« aufgenommen haben, aus welchen Gründen auch immer. Es ist sehr frühe Prosa und vielleicht nicht mehr da reingehörig.

»Etwas brennt« fängt dann noch einmal an mit »Das andere Leben«, »Im Gehen« und so weiter bis zu den »Observationen«, dieser übergenauen Prosa, wo ich versuche, aus dem Nichts etwas zu machen und beinahe den Ehrgeiz hatte, wie Gustave Flaubert, schöne Bücher über Nichts zu schreiben. Das war Flauberts Wunsch, er hat es nie erreicht. Er hatte immer noch zuviel Stoff. Den Stoff habe ich zwar nicht eskamotiert, es gibt genügend Stoff, aber wie gesagt, das schöne Buch über Nichts ist mir genausowenig gelungen. Aber gegen das Nichts sehr wohl. Das Etwas, das Fast-Nichts, wie es eben aktionslos war und ist und bleibt. Und diese Prosa ist auch weniger Lebenswerk als die Gedichte.

Die Gedichte wiederum sind im Gegensatz zu dieser kurzen Geschichte eine lange Geschichte. Eine lange Geschichte, deren Anfang Sie ja genannt haben in der Naturlyrik, aber das war für mich schon zu einer Zeit, als das die Öffentlichkeit gar nicht merken konnte, anders geworden. Ich lernte die französische Lyrik sehr früh, mitten im Krieg, durch die günstigen Umstände einer Universitätsbibliothek und als Romanist kennen, zu einer Zeit, als hier Namen wie Valéry oder Michaux oder René Char und andere überhaupt nicht bekannt waren; oder nur ganz alten Leuten, die sie noch aus der Zeit vor Dreiunddreißig in Erinnerung hatten. Aber die waren entweder mundtot oder eben alt und nicht mehr in dem Sinne sprechbereit und sprechfähig. So bin ich ganz früh ins Übersetzen geraten, im Krieg schon, in Göttingen, in Hannover, später in Darmstadt, sozusagen vor dem glühenden kleinen Heizöfchen als einziger Feuerstelle in der Wohnung, als man noch Kohlenkarten brauchte, also unter ganz anderen Umständen als heute. Und das war eben auch für mich der Reiz, vom Surrealismus, von dieser anderen, französischen und auch spanischen Lyrik, herauszuholen, soviel ich konnte.

Daher die surrealistische Phase, ja, ich sage Phase, es sind immer noch Surrealismen, oder wie man das nennen will, jedenfalls ein vorliterarisches Vorgehen in meinen Gedichten, noch plötzlich in dem lakonischsten Gedicht, in dem beiläufig hingesagten Gedicht des Alltags und des Zeitgenossen, Zeitgenössischen, – ja, Sie sagten vorhin politisch, dies ist es, eines der vielen oder mancher Mißverständnisse, denen ich ausgesetzt war, gerade weil ich die Politik nicht plakativ vorzeigte, das war mir zu langweilig. Das sollen die Zeitungen recht und schlecht tun, – meistens schlecht – ganz gleich, welcher Partei sie sich verbunden fühlen. Das ist fast so kalt wie der Kaffee der Leute, die in der Politik ihr Geld verdienen und ihren Namen machen. Naja, dies so nicht. – Jedenfalls, es war anwesend, etwas mehr als nur Atmosphäre. Aber auf alle Fälle kein Plakat. Und so ist es wahrscheinlich geblieben.

Ich kann nicht anders, ich muß das heute sagen, ich muß dies verfolgen, ich muß das Deutsch-Deutsche zum Beispiel in seiner Misere, aber auch in seinen möglichen, allerdings schwer erkennbaren – um nicht zu sagen, fast nicht erkennbaren – Vorzügen und Eigenarten so gut wie möglich festhalten und auch darstellen. Ich kann es nicht lassen, ich werde es immer wieder tun, auf eine andere Weise, als in den frühen Gedichten, die sich auch damals schon Heute nannten. Mit dem Heute war Umfassenderes als nur Politisches gemeint, aber es war ganz sicher hineingeraten. Es war Gegenwärtiges, Gegenwärtiges der Zeit um 1955 oder 1960. Es sind zum Teil Texte, die noch gar nicht bei Suhrkamp, wo ich '59 mit den »Fremden Körpern« angefangen habe, sondern bei der Deutschen Verlagsanstalt erschienen waren. Einige, zum Beispiel Fritz Deppert, haben übrigens mit einer gewissen Beharrlichkeit verfolgt, wie weit ich doch mit dem Ominösen oder Notwendigen oder auch politischen Element zu tun habe.

Anton G. Leitner: *Und was würden Sie heute von einem Gedicht verlangen, was fordern Sie vom Gedicht der neunziger Jahre? Ihre eigenen Gedichte sind ja im Moment politisch, ohne direkt plakativ zu sein; aber Sie beziehen schon ganz deutlich Stellung.*

Karl Krolow: Ich persönlich jedenfalls werde wohl so ähnlich weiter schreiben, dabei Sonette und strenge Formen nicht scheuend, genausowenig wie das, was man früher ›Parlando‹ nannte, also die ungereimten Gedichte bis zum ›Singsanggedicht‹. Aber ja freilich, was ich nicht mag, ist die deutsche Bedeutsamkeit, die deutsche Schwere, der schwere Atem, dieses Keuchen in den Gedichten. Dies mag ich nicht, oder vielmehr ich kann nicht anders, als leichter atmen. Ich will damit nicht irgendeinem – jetzt vorsichtig befürchteten – Leichtsinn das Wort reden, das überhaupt nicht. Aber ich sehe mir die Gedichte anderer Länder, mindestens der Franzosen, mindestens der Spanier an. Gut, sie haben ein Pathos wie das deutsche Gedicht auch, aber doch nicht in dem Maße.

Wir sind schwer und schwerfällig und bedeutsam, und gelegentlich kommt auch tatsächlich mal ein kurzer Windstoß durch die Gedichte, aber im allgemeinen sind mir die schwer realisierbaren Ansprüche zu groß. Sie machen aus den Gedichten Schwergewichte. Aus vielen. Es gibt Ausnahmen, um Gottes willen, ich meine, das ist auch etwas zu pauschal gesagt, es gibt sehr wohl Ausnahmen.

Aber naja, ein langer Weg jedenfalls über die Jahrzehnte, und manche haben mir – vielleicht nicht zu unrecht – meine Wandelbarkeit vorgehalten. Ja mein Gott, ich machte das ein halbes Jahrhundert, und ich kann nicht immer noch einmal dasselbe schreiben, das ist einfach – schlicht gesagt – zu langweilig. Ich lese, ich sehe neue Leute, ich sehe Talente, ich sehe Vorbilder, ich sehe, indem ich schreibe, ein ganzes Geisterensemble, das mir hilft oder in die Quere kommt. Ich bin doch nie allein, wenn ich das schreibe, was ich schreibe, sondern ich habe dies alles vor Augen, im Sinne, im Hinterkopf.

Es wäre ja schrecklich, auch nur andeutungsweise ein Originalgenie zu sein. Nein, nein, man wird schon gehalten von diesem und jenem, die Namen wechseln, die Nationen wechseln auch. Obwohl ich als Romanist die deutsche Literatur immer gebraucht habe und sie mich fasziniert hat (ich bin zunächst auch Germanist): abenteuerlicher für mich war die Entdeckung nicht nur von Leuten wie Valéry oder Char und Michaux, die nannte ich bereits, sondern auch von Supervielle und, ich könnte genausogut andere benennen, aber es hat keinen Zweck, sie jetzt alle aufzuzählen; oder in Spanien Lorca und ähnliche Folklore und nicht nur Folklore bei García Lorca, aber eben Namen vor, neben und nach ihm, Jiménez so gut wie – aber lassen wir die Namen.

Anton G. Leitner: *Sie sagten, Sie hätten nie allein geschrieben und sprachen in diesem Zusammenhang von einem ›Geisterensemble‹.*

Viele Dichterinnen und Dichter sind nur ihrem eigenen literarischen Schaffen verbunden und haben, so scheint es mir als Herausgeber manchmal, kein großes Interesse an der Arbeit ihrer poetischen Zeitgenossen. Da bilden Sie eine rühmliche Ausnahme. Im Laufe der Jahrzehnte haben Sie viel, sehr viel für andere Autoren getan, für junge Lyriker vor allem.

Sie setzen sich bis heute konsequent mit dem auseinander, was andere schreiben. Seit langem sind Sie als Lektor dem ›Literarischen März‹ der Stadt Darmstadt verbunden. Der im Zuge dieser Veranstaltung verliehene ›Leonce-und-Lena-Preis‹ gilt als wichtiges Instrument der lyrischen Nachwuchsförderung. Sie geben die Anthologien des ›Literarischen März‹ mit heraus und verleihen diesen dadurch ein gewisses Gewicht.

Man liest es aus Ihren Gedichten, daß Sie beim Schreiben jung geblieben sind. Mich erinnert das wie gesagt an den italienischen ›Archipoeta‹ Ungaretti, der ja auch ein langes und erfülltes Dichterleben (er)leben konnte und der zeitlebens Kontakt zu jüngeren Literaten, Komponisten und Malern hielt. Er, den die italienische Regierung im Jahr 1968 an seinem achtzigsten

Geburtstag auf dem Kapitol in Rom wie bei einer klassischen Dichterehrung feierte, sprach in der Dankesrede von den vier mal zwanzig Jahren seines Lebens.

Karl Krolow: Man hat ja immer mehrere Alter zugleich, würde ich schon sagen. Sicher habe ich irgendwann durch diese ›Leonce-und-Lena‹-Unternehmung mit Texten zu tun gehabt, die nachher dann sogar einen erheblichen Bekanntheitsgrad unter den Disponierten, unter Interessierten, kann ich immer nur einschränkend sagen, bekamen. Auf meinem Tisch hat Durs Grünbein gelegen und ich habe ihn sozusagen als Erster gelesen. Ich will nicht gleich von Entdeckung reden, mein Gott, es ist so gekommen, oder Drawert – schon wieder Namen. Aber ich will nur sagen, junge Leute, ganz junge Leute, ganz unbekannte Leute – dies wiederholt sich auch in diesem Jahr, ob ich das durchhalte, wie vor zwei Jahren 5700 Gedichte über meinen Tisch laufen zu lassen, weiß ich nicht. Es verzögert sich da etwas, woran das liegt, weiß ich nicht. Vor zwei Jahren hatte ich um diese Zeit schon alles gelesen, was bis dahin da war, das war das Allermeiste; ich habe heute noch die Zahl nachgesehen, die ich mir damals notiert habe, es waren gegen 6000 Gedichte, 5700, 5800 oder so. Naja, das klingt gewaltig, aber ich habe doch ein bißchen Erfahrung in der Art, Gedichte zu lesen, und ich lese schnell, von Natur aus, nicht nur Gedichte, sondern auch Prosa, und ich arbeite selbst sehr schnell.

Meine eigenen Sachen sind fast alle schnell geschrieben, soll ich sagen ›Minuten-Texte‹. Das ist nun wieder ein bißchen kokett ausgedrückt, aber jedenfalls sich den Kopf schwer machen und es noch einmal versuchen und noch mal in den Papierkorb und so weiter, das geht entweder sofort oder gar nicht. Das Sofort ist natürlich auch noch mal eine kleine Zeit, gewiß – und andererseits: so kurz ist das gar nicht. Aber ich will sagen, mir ist meine rasche Art zu reagieren, in besseren Jahren als jetzt, zugute gekommen, auch beim ›Literarischen März‹, wo ja weiß Gott die Verantwortung groß ist und Irrtum genug ist, das muß man auch einräumen, das ist selbstverständlich, daß wir uns nicht nur geirrt haben könnten, sondern auch geirrt haben, das steht fest. Genauso wie der Erfolg einiger Leute durch uns zunächst, und dann ging's weiter. Gut, der eine mehr, der andere weniger, aber immerhin: damit fing's an.

Anton G. Leitner: *Und Sie haben ja nicht nur die nachwachsende Schriftstellergeneration gefördert, sondern daneben auch zahlreiche Literaturkritiken verfaßt.*
Sie begleiten die lyrische Produktion Ihrer Zeitgenossen sozusagen kritisch, das wäre auch noch ein weiterer Aspekt.

Karl Krolow: Ja, ich brauchte es, ich brauche es, ich lerne davon. Ich lerne auch durch die Kritik, auch durch negative Kritik, überhaupt durch Reagieren. Ich konnte nicht anders, ich mußte reagieren, das gehört zu meinem Leben. Heute bin ich reaktionsuninteressierter und reaktionsschwächer schon, – ein Euphemismus. Aber ich werde sehen, ob ich diesen ›Literarischen März‹ durchhalte oder nicht, also das, was ich damit zu tun habe als Lektor.

Nun ja, wie auch jener Achtzigste, von dem wir gesprochen haben, für mich zunächst noch zum Jenseits gehört, da muß ich erst mal hinkommen. Ich werde allzuoft darauf aufmerksam gemacht, durch meinen Verlag zum Beispiel, der ja etwas tun muß, ob er will oder nicht, aber er will auch – gewiß mehr, als ich wollte. Jedenfalls, er hat ja hiermit schon angefangen, mit dieser Herbstveröffentlichung, das ist praktisch schon ein Vorpreschen in Richtung auf die Geburtstagszeit zu. Ich werde also durch Leute, die etwas vorhaben mit mir, mehr als mir manchmal lieb ist, daran erinnert, daß ich 80 Jahre werden könnte. Ich will das mal so im Konjunktivischen belassen, wie ich mich überhaupt gerne im Konjunktiv bewege, das gibt so ein angenehmes Gefühl, daß sich da nicht gleich etwas aktiviert am Ende, als wär's ein für allemal, was es sowieso nicht ist. Aber diese konjunktivische Existenz ist eigentlich ganz gut für Lyriker, finde ich, jedenfalls gut für mich gewesen.

Mir macht jetzt doch meine schlechte körperliche Verfassung manche Schwierigkeit, dies nimmt alles zu und dies spüre ich, und dies ist natürlich nicht gerade angenehm und vor allen Dingen hinderlich. Ich habe mein Leben lang, in den letzten Jahren immer mehr, ein Gedicht als einen Ausweis, eine Legitimation, die einzige beinahe, die ich noch hatte, empfunden. Diese Legitimation wird sich jetzt auch, merke ich, zurückziehen wollen.

Kurzum: ich habe auch in früheren Jahren manchmal wenige Texte, wenige Gedichte geschrieben, zum Beispiel in den Jahren, als ich die Prosa schrieb, trat notwendigerweise das Gedicht in den Hintergrund. Es ist nie verschwunden, natürlich nicht. Das hätte ich wohl kaum durchgehalten und ausgehalten. Aber ich habe noch im vorigen Jahr sehr viel Verse gemacht und in diesem Jahr ist es schon schwieriger und ich merke, wie das so abnimmt.

Anton G. Leitner: *Das von Ihnen geschaffene Werk ist beachtlich. Ich weiß nicht, ob je gezählt wurde, wieviele Gedichte Sie geschrieben haben.*

Karl Krolow: Das weiß ich auch nicht und möchte diese Zahl auch gar nicht erfahren.

Anton G. Leitner: *Ihr Werk füllt ein ganzes Bücherregal?*

Karl Krolow (deutet auf ein Bücherregal): Das habe ich mir im Laufe der Zeit einmal herausgesucht und zusammengestellt. Es steht hier sehr viel, wohin Sie sehen, sind Autorenexemplare von Büchern von mir.

Anton G. Leitner: *Ein im wahrsten Sinne des Wortes gewaltiges Werk. Einige Ihrer Verse habe ich seit der Schulzeit im Kopf. Eingangs zitierte ich bereits aus dem Gedicht »Der Augenblick des Fensters«.*

Karl Krolow: Ja, das ist jetzt noch einmal erschienen, in der Lyrik-Jubiläumsausgabe der ›Akzente‹ – ein sehr gutes, ein sehr persönliches Heft. Dafür haben sie einige Gedichte von mir ausgewählt und Höllerer hat mir und auch anderen einen langen offenen Brief geschrieben, der sehr schön ist. So etwas ist selten in der deutschen Literatur und deshalb empfinde ich diese kleine Ausgabe, das heißt, sie hat den ganz normalen Umfang einer Zeitschrift, schon als etwas Besonderes.

Anton G. Leitner: *Solche Gedichte begleiten einen durch die Jahrzehnte. Wie auch jenes, mit »Segelschiffe und Gelächter, / Das wie Gold im Barte steht, / Sind vergangen wie ein schlechter / Atem, der vom Munde weht,« …*

Luzie Krolow (Ehefrau): Und dann auch »Drei Orangen, zwei Zitronen« …

Karl Krolow: Ja nun, das war Enzensbergers Frau, die machte, als sie sich vorstellte, einen Knicks und sagte dieses Gedicht auf. So was gibt es auch, mitten auf einem Geburtstag Unselds. Es gibt alles.

Anton G. Leitner: *Gibt es auch negative Reaktionen auf Ihre Gedichte?*

Karl Krolow: Ja, selbstverständlich, auch das gibt es. Mir ist sogar schon geschrieben worden: »Früher hätte man Sie ins KZ gebracht.« Das war in den ersten Jahren nach dem Krieg – eine Reaktion auf mein Gedicht »Pappellaub«.
  Das ist ein frühes Gedicht, in den vierziger Jahren schon geschrieben. Ein ganz simples Gedicht. Also das Flüstern, das Rascheln der Blätter, gerade bei Pappeln …

Luzie Krolow: … »Früher hätte man Sie vergast!« Was soll das? – »Sommer hat mit leichter Hand / Laub der Pappel angenäht. Unsichtbarer Schauder ist / Windlos auf die Haut gesät.« …

Karl Krolow: Also ich kann mir das KZ aussuchen, aber auch den Himmel. Dazwischen gibt es manches. Das ist literarisches Leben, mal stärker, mal schwächer ausgebildet.

Anton G. Leitner: *Da sagen manche, die Lyrik provoziere hierzulande niemanden mehr!*

Karl Krolow: Ja, sicher, Lyrik ist auch ein Schimpfwort oder ein Wort des Achselzuckens oder des Ätsch. Das ist auch Lyrik, ich meine, Reaktion auf Lyrik.

Michael Kohtes

Im Niemandsland der Stimmen – Der Patient als Poet

Interview mit Prof. Leo Navratil, Entdecker und Förderer von Ernst Herbeck

Am 11. September 1991 starb in der Niederösterreichischen Landesnervenklinik Gugging bei Wien der Dichter Ernst Herbeck. 45 Jahre hatte er in der psychiatrischen Anstalt verbracht, wo er unter dem Pseudonym Alexander mit Gedichten hervortrat, die an der Schnittstelle von Schizophrenie und Genie entstanden. »Rufe und winzige Träume aus einem Eismeer des Schweigens und der Einsamkeit«, nannte der Schriftsteller Gerhard Roth Herbecks lakonisch-poetische Botschaften, die wie aus weiter Ferne so nah klingen.

Im Gegensatz zu seinem berühmten Dichterkollegen Robert Walser, dessen literarische Produktion hinter den Mauern einer Heil- und Pflegeanstalt für immer versiegte, fand der 1920 geborene Ernst Herbeck erst in der Irrsal seines Klinikalltags zur Sprache. Entdeckt und gefördert hat ihn sein Arzt Leo Navratil, der zuletzt unter dem Titel »Im Herbst da reiht der Feenwind« die gesammelten Texte von Ernst Herbeck aus den Jahren 1960-1991 herausgab.

Das folgende Interview, das Michael Kohtes mit Leo Navratil führte, wurde am 27. Februar 1993 im Dritten Hörfunkprogramm des Westdeutschen Rundfunks gesendet und erscheint hier, unwesentlich gekürzt, im Druck.

Michael Kohtes: *Herr Navratil, Sie waren bis zu Ihrer Pensionierung 1986 Arzt in der Nervenklinik Gugging bei Wien. Wie und wann haben Sie Ihren Patienten Ernst Herbeck kennengelernt?*

Leo Navratil: Ich bin im Jahre 1946 als junger Arzt in die psychiatrische Anstalt Gugging eingetreten. Zufällig kam auch Ernst Herbeck in diesem Jahr zur Aufnahme in die Anstalt. Bei Herbeck war es allerdings die vierte Aufnahme in einer psychiatrischen Klinik, die dann zu seiner dauernden Hospitalisierung geführt hat.

Michael Kohtes: *Was können Sie über das Krankheitsbild von Herbeck sagen?*

Leo Navratil: Herbeck litt an einer schizophrenen Psychose. Er fühlte sich von einem Mädchen beeinflußt, hörte Morsezeichen, womit sie ihm Mitteilungen gab, hörte Stimmen, später auch Stimmen von Männern, und er fühlte sich gelenkt; er mußte Befehle ausführen, die man ihm gab. Es war ein typisch schizophrenes Krankheitsbild.

Michael Kohtes: *Wann kam die Schizophrenie zum Ausbruch?*

Leo Navratil: Die kam zum Ausbruch, als Herbeck zwanzig Jahre alt war. Er wurde da zum ersten Mal eingewiesen. Er schlief schlecht, hatte Lach- und Weinkrämpfe in der Nacht, zählte vor sich hin und erklärte seinen Eltern, daß er von einem Mädchen hypnotisiert werde. Da brachten ihn die Eltern zum Arzt ...

Michael Kohtes: *Nach diversen Therapieversuchen, den damals üblichen Insulin- und Elektroschockbehandlungen, die allesamt erfolglos verliefen, wurde Herbeck dann in die Gugginger Heil- und Pflegeanstalt eingewiesen, wo er 45 Jahre lang Ihr Patient war. Was wissen Sie über seine Herkunft, seine Jugend?*

Leo Navratil: Herbeck litt an einer Lippen-Kiefer-Gaumenspalte, das ist eine angeborene Fehlbildung, die man bei Menschen, die daran leiden, als Hasenscharte leicht erkennt, und er war dadurch in der Schulbildung behindert. Herbeck hat die Volks- und Hauptschule besucht und zwei Klassen Handelsschule. Anschließend hat er an verschiedenen Arbeitsstätten als Hilfsarbeiter gearbeitet. Er war Speditionsgehilfe, dann brach der Krieg aus und Herbeck mußte in Munitionsfabriken arbeiten, ehe er 1940, nachdem seine Psychose ausgebrochen war, erstmals ins psychiatrische Krankenhaus kam.

Michael Kohtes: *Als sein Therapeut haben Sie ihn später aufgefordert, Texte, Gedichte, zu schreiben. Was hat Sie dazu veranlaßt?*

Leo Navratil: Ich habe viele meiner Patienten zeichnen lassen, das heißt, ich habe ihnen eine bestimmte Zeichenaufgabe gestellt. Nun war das mit Herbeck so, daß er aufgrund der Fehlbildung seines Gaumens und seines Kiefers sehr schlecht artikulierte, man verstand ihn schlecht, er redete auch nicht gern. Und da kam ich auf die Idee, ihm verschiedene schriftliche Aufgaben zu geben, um mit ihm auf diese Weise in Kontakt zu treten. Ich bat ihn zum Beispiel, seinen Lebenslauf zu schreiben, oder aufzuschreiben, was sich gestern abgespielt hat. Herbeck befolgte das. Nun war es aber ein eigentümlicher Moment, auch für mich in meiner Erinnerung, in meinem Erleben, als ich ihn zum ersten Mal bat, ein Gedicht zu schreiben. Ich weiß nicht, woher ich die Anregung genommen habe.

Es war im Jahre 1960. Herbeck lebte damals in einer Dependance der Anstalt [dem sechs Kilometer entfernt gelegenen Haschhof, M.K.], die ich wöchentlich nur einmal besuchte. Ich kam dort hinauf an einem Herbstvormittag, bat Herbeck zu mir, legte ihm einen Zeichenkarton in der Größe einer Postkarte auf den Tisch, reichte ihm einen Kugelschreiber und sagte: »Bitte, Herr Herbeck, schreiben Sie ein kurzes Gedicht mit dem Titel ›Der Morgen‹!« Herbeck zögerte ein bißchen, er sprach aber nicht, befolgte dann wortlos die Aufforderung, schrieb »Der Morgen« und darunter in einer sehr stilisierten, feinen Schrift:

Im Herbst da reiht der
*   Feenwind*
da sich im Schnee die
Mähnen treffen.
Amseln pfeifen heer
im Wind und fressen.

Ich war sehr überrascht, verblüfft, als ich diese Zeilen las …

Michael Kohtes: *Herbeck hat immer nur auf Anregung, auf Ihre Aufforderung hin geschrieben?*

Leo Navratil: Ja. Nachdem er diesen schönen Text geschrieben hatte, habe ich ihn bei jedem meiner Besuche auf dem Haschhof zu mir gebeten, habe zunächst immer nur diesen kleinen Karton vor ihn hingelegt und habe ihm ein Thema genannt und ihn gebeten, ein Gedicht zu schreiben. Ich war sehr fasziniert von den Texten, die da entstanden, und Herbeck muß das irgendwie gespürt haben. Er hat nie gezögert, er hat nie diese Aufgabe abgelehnt und hat immer etwas geschrieben, und das waren eben Texte, kurze Texte, die mich sehr beeindruckt haben.

Michael Kohtes: *Hatte Herbeck bereits vor Ausbruch seiner Krankheit Interesse an Poesie gezeigt? Hatte er literarische Ambitionen?*

Leo Navratil: Ich habe ihn danach gefragt, und ich habe auch seine Verwandten gefragt. Er soll vorher nie geschrieben haben und keine literarischen Ambitionen gehabt haben.

Michael Kohtes: *Ohne seinen Mentor Navratil wäre Herbeck ein Unbekannter geblieben. Sie haben seine poetischen Texte veröffentlicht, zunächst noch unter dem Pseudonym Alexander, und stießen damit in der literarischen Fachwelt auf unerwartet große Resonanz.*

Leo Navratil: Das ist richtig. Ich habe gespürt, das ist etwas mehr als bloß ein therapeutisches Ergebnis und nach der ersten Publikation 1966, in der ich etwa 80 kurze Texte unter Herbecks Pseudonym herausgab, entstand schon ein großes Echo. Viele Leute waren berührt und haben das literarisch rezipiert und nicht bloß als ein therapeutisches Resultat …

Michael Kohtes: *… was unter anderem dazu führte, daß sich eine ganze Reihe prominenter österreichischer Autoren für Herbeck eingesetzt hat!*

Leo Navratil: Ja, nur kam das im Laufe der Zeit, nicht sofort. Aber nachdem Herbeck ja dann weitergeschrieben hat, wenngleich immer nur auf Wunsch und auf Anregung, und ich dann einzelne Texte auch in Literaturzeitschriften veröffentlichte, wurden die Menschen, die literarisch tätig waren, aufmerksam. Und später haben ihn auch viele besucht und viele kennengelernt, und das Buch, das 1977 im Deutschen Taschenbuchverlag erschienen ist – es hieß »Alexanders poetische Texte« –, umfaßte dann schon ein ziemlich umfangreiches lyrisches Werk. Verschiedene Autoren wie Ernst Jandl, Otto Breicha, Friederike Mayröcker, Gerhard Roth usw. haben Kommentare zu Herbecks Texten geschrieben. Er war damit sozusagen anerkannt als Lyriker.

Michael Kohtes: *War sich Herbeck seiner öffentlichen Anerkennung als Dichter bewußt?*

Leo Navratil: Ja, sie war ihm bewußt, weil er ja mit zunehmender Bekanntheit Besuche erhielt. Wir haben diese Besuche immer in einem, sagen wir, gemütlichen Kreis empfangen, Herbeck wurde vorgestellt, wurde gebeten zu lesen. Er hat immer Anerkennung gefunden, man hat ihm applaudiert, er hat sich verneigt, hat sich bedankt. Er hat sich schon als Dichter gefühlt. Nach einer gewissen Zeit, das dauerte natürlich im Grunde Jahrzehnte.

Michael Kohtes: *Hat er die Werke anderer Autoren gelesen und sich später, über sein eigenes Schaffen hinaus, für Literatur interessiert?*

Leo Navratil: Er hat keine anderen Autoren gelesen, er hat sich nicht für Literatur interessiert. Er hat aber immer Radio gehört, Zeitung gelesen ...

Michael Kohtes: *... und Unmengen von Zigaretten geraucht!*

Leo Navratil: ... viele Zigaretten geraucht, hat auch gerne Ausflüge unternommen. Er war also schon ein aufgeschlossener Mensch und an den Vorgängen in der Welt interessiert. Seine Psychose war ja im Laufe der Zeit mehr oder weniger abgeklungen, hatte sich gebessert in hohem Maß, und er hat Zeiten gehabt, in denen er auch sehr normal war und sehr normal schrieb, und dann kamen aber immer wieder psychotische Schübe, wo seine Sprache mehr oder weniger zerfallen ist und ungeordnet war, was sich ja auch in seinen Texten äußerte.

Michael Kohtes: *Lassen sich aus seinem Werk bestimmte Themen und Motive oder sonstige signifikante Merkmale herauslesen?*

Leo Navratil: Nun, es war ja so, daß ich meist ein Thema vorgab. Aber dennoch: Wenn man heute sein Gesamtwerk anschaut, dann ergibt das ein Bild über sein ganzes Leben, seinen ganzen Lebensablauf. Dabei tritt besonders seine Neigung zur Natur und zu den Jahreszeiten hervor. Es gibt sehr viele Gedichte, in denen die Jahreszeiten behandelt werden ...

Michael Kohtes: *... den Herbst hat er sehr geliebt.*

Leo Navratil: Ja, besonders den Herbst.

Michael Kohtes: *Welche Bedeutung hatte das Schreiben in Bezug auf seine existentielle Situation. War ihm die Sprache ein Mittel, um sich den Klinikalltag von der Seele zu schreiben?*

Leo Navratil: Man darf sich das nicht zu direkt vorstellen. Er war ja auch diesen Alltag gewohnt, er hatte sich durch viele Jahre eingelebt. Es ist so, daß seine Texte mehr das gesamte Leben, das Leben im allgemeinen reflektieren.

Michael Kohtes: *Heiner Müller behauptet: »Der Text weiß immer mehr als sein Autor.« Welche Erkenntnisse oder Rückschlüsse kann ein Therapeut aus den Texten eines schizophrenen Patienten ziehen?*

Leo Navratil: Nun, es ging mir ja weniger um die Schlüsse, die ich als Psychiater daraus ziehen kann. Es ging mir mehr darum, daß Herbeck eben als Dichter anerkannt wurde. Und das ist in hohem Maße geschehen. So hat Ernst Jandl gesagt: »Herbeck hat als Lyriker seinen Platz in der deutschsprachigen Literatur der zweiten Hälfte dieses Jahrhunderts, den er nicht mehr verlieren wird.«

Michael Kohtes: *Hat ihn das Schreiben von Gedichten glücklich gemacht?*

Leo Navratil: Es hat ihn nicht glücklich gemacht, sondern weniger unglücklich, könnte man sagen.
Er war ein depressiver, melancholischer Mensch, und er hat auch die Empfindung gehabt, daß das Schreiben nicht die wesentliche Problematik seiner Existenz zu lösen vermag. Das konnte er reflektieren, und das hat er auch in seinem Schreiben zum Ausdruck gebracht.

Michael Kohtes: *Wer über psychopathologische Texte spricht, muß an die ästhetischen Programme der Surrealisten erinnern. Jean Cocteau beispielsweise bestand auf der Feststellung, daß der Dichter latent schizophren sein müsse, um zur »wahren Wirklichkeit« vorzudringen. Glauben Sie als Psychiater, daß sich den Schizophrenen unser kollektives Unterbewußtsein erschließt, die Katakomben der menschlichen Seele?*

Leo Navratil: Das ist in gewissem Sinne vielleicht möglich, aber ich möchte das nicht so verallgemeinern. Es ist so, daß die Menschen, die Autoren, die Schriftsteller ja sehr verschieden sind. Und die schizophrenen Schriftsteller sind noch mehr voneinander verschieden, das heißt, ich möchte nicht gerne generalisieren und würde lieber bei meinem Patienten Herbeck, den ich so gut kennengelernt habe, bleiben und dazu kein allgemein gültiges Statement abgeben.

Michael Kohtes: *Schizophrenie allein macht noch keinen großen Poeten, da muß offenbar noch etwas hinzukommen ...*

Leo Navratil: ... richtig! Herbeck hatte sicherlich eine ganz besondere sprachliche Begabung, und dann war die Sache ja so, daß er sich nicht sehr gut verbal ausdrücken konnte. Das Schreiben war für ihn ein gewisser Ersatz für das Sprechen. Und er wäre sicherlich kein Dichter geworden, sondern hätte einen anderen Beruf ergriffen, wäre er nicht schizophren geworden, wäre er nicht hospitalisiert gewesen, wäre er nicht zum Dichten animiert worden.

Michael Kohtes: *Aus Ihren Äußerungen entnehme ich, daß sie nicht nur ein gewöhnliches Arzt-Patient-Verhältnis zu Ernst Herbeck hatten. War Herbeck Ihr Freund?*

Leo Navratil: Ja, es ist ein freundschaftliches Verhältnis gewesen, aber doch immer mit dieser Asymmetrie, die ein Arzt-Patient-Verhältnis eben bedingt, das ja nicht völlig annulliert oder verleugnet werden konnte.

Michael Kohtes: *Es ist zu vermuten, daß von Herbeck noch zahlreiche unveröffentlichte Texte existieren. Wer kümmert sich um seinen Nachlaß?*

Leo Navratil: Ich habe es ermöglicht, daß Herbeck im Jahre 1989 einverstanden war, daß seine sämtlichen Schriften der Österreichischen Nationalbibliothek in Wien übergeben wurden. Dort werden sie jetzt verwahrt, stehen aber natürlich der Forschung zur Verfügung ...

Michael Kohtes: *Herr Navratil, ich danke Ihnen für dieses Gespräch.*

Von und über Ernst Herbeck ist u. a. erschienen:

Ernst Herbeck
Im Herbst da reiht der Feenwind
Gesammelte Gedichte
Herausgegeben und mit einem Nachwort von Leo Navratil
1992, 260 Seiten, gebunden, DM 45,-

Heinz Bütler
Zur Besserung der Person.
Mit Johann Hauser, Ernst Herbeck, Edmund Mach, Oswald Tschirtner, August Walla.
Film, Foto, Zeichnungen, Prosa, Gedichte.
Beiträge von Leo Navratil und Walter Vogt.
Zytglogge Verlag, Gümlingen 1982, DM 44,-
(Eigerweg 16, CH-3073 Gümlingen)

Diskussion

Ulrich J. Beil

Gibt es das »europäische« Gedicht?
Fragen und Überlegungen

Daß ein Gedicht, ein Kunstwerk zuerst und vor allem für sich selbst steht, wissen wir seit der »Kritik der Urteilskraft«. Wir hatten es vergessen, wir wissen es wieder. Gegenüber jedem Interesse, das man unterschieben, jeglichem Adjektiv, das man hinzuschmuggeln möchte, ist strengste Vorsicht geboten. Und doch, man kann es nicht bestreiten, hat ein Gedicht Ort und Zeit, zehrt es von der Erinnerung dessen, der es niederschrieb, ist es gemacht aus einer Sprache, die die Gesellschaft, die sie benutzt, nicht verschweigt, und auch nicht ihre Geschichte.

Gibt es das ›europäische‹ Gedicht? Klingt es wie »Nights in the Iron Hotel«, jenes irrlichternde Poem, das der in Deutschland geborene, in London lebende Schriftsteller Michael Hofmann in Prag geschrieben hat, und in dem jemand von »long drinks« träumt, »made with rum in tropical bars«? Oder wie die im Dialekt des Veneto geschriebenen »Mistieròi« Andrea Zanzottos? Sind die französisch geschriebenen Gedichte des Algeriers Kateb Yacine europäische Gedichte? Und wie steht es mit »Omeros«, dem ominösen Langgedicht des karibischen Nobelpreisträgers Derek Walcott? Gibt es nur europäische Gedichte? Gedichte, die sich dem subtilen Imperium des ›Western Canon‹ noch dann nicht entziehen können, wenn sie von fernen Erdteilen aus den Aufstand proben, aufbegehren gegen das Regime der ›dead white poets‹, der Homer und Horaz, Dante und Wordsworth, Hölderlin und Baudelaire ... »Bevor man selbst ein Wort geschrieben hat, hat man ihre Worte bereits gelesen«, wie Cees Nooteboom notiert. Sobald wir uns, in welchem Kontinent auch immer, über ein leeres Blatt beugen, sind sie es, die uns über die Schulter schauen, die Väter, die Mütter, die Ahnen: *And you, Tacitus«,* heißt es in einem Gedicht Seamus Heaneys, *»observe how I make my grove / on an old crannog / piled by the fearful dead.«*

»Wird Europa das werden, was es in Wirklichkeit ist: ein kleines Kap des asiatischen Kontinents? Oder aber wird Europa das bleiben, was es zu sein scheint: der wertvollste Teil der Erde, die Krone des Planeten, das Gehirn eines umfassenden Körpers?« (Jacques Derrida)

Das Europa des Gedichts: Beim ersten Hinhören ein vielstimmiger, betörender, nach wie vor anschwellender Chor, vor dem es kein Entrinnen gibt, zumindest für den, der sich der Arbeit mit Wörtern verschrieben hat. Ein unendliches Spiel des Zitierens, Anspielens, Übersetzens und Erinnerns, ja – denkt man an die unbändige, über Jahrhunderte hin wirksame Energie des Petrarkismus – eine Orgie der Intertextualität, in deren Verlauf das durch den »Canzoniere« hindurchgegangene Italienische zur Sprache der Liebe wurde, zur Sprache auch des autonomen poetischen Akts. Einer von Andrea Zanzotto aufgespürten Typologie aus der Renaissance zufolge, wurden den verschiedenen Nationalsprachen verschiedene ›Charaktere‹ zugemutet. So empfahl man etwa der Herrscherklasse, sich auf Spanisch an Gott zu wenden und auf Deutsch an das Pferd.

Dennoch: Nichts wäre abwegiger, als über die Geschichte der europäischen Lyrik die Harmonie eines Poesie-Albums zu breiten. Bei genauerem Hinhören wird man auf die Dissonanzen des kontinentalen Konzertes aufmerksam, tritt das nachrömische Europa doch zuallererst als ein »Babel von neuen Sprachen« auf den Plan und erst später als ein »Mosaik von Nationen« (U. Eco). Zu Recht betont der portugiesische Autor Eduardo Lourenço in seinem Buch »Nós e a Europa«, in dem immer wieder von der Spaltung des Kontinents in eine rationalistische und eine metaphorische, eine protestantische und eine katholische Vernunft die Rede ist: »Nicht nur als Geschichte war Europa ein ›Bürgerkrieg‹. Mehr noch war es das als Kultur …« Europa: ein Ort der ›Querelle‹ ebenso wie der »anxiety of influence« (H. Bloom), der Furcht, kulturell zu spät gekommen zu sein und angesichts der Vormacht fremder ›Väter‹ / ›Mütter‹ zu versagen.

Ein Blick auf die deutsche Situation: Wenn Goethe, Hölderlin, Novalis oder Rilke einerseits europaweit zu den ›einflußreichen‹ Autoren zählen, deren Echos bis heute zu hören sind, so hatte es die deutsche Lyrik andererseits infolge einer gravierenden ›Verspätung‹ durch den Nazi-Terror zunächst schwer, Anschluß an das avantgardistische europäische Gedicht zu finden. Wer in den 60er oder 70er Jahren mit Hugo Friedrichs Klassiker »Die Struktur der modernen Lyrik« aufgewachsen ist, der begegnete dort einem französischen Übervater, der symbolistischen Trinität Baudelaire-Rimbaud-Mallarmé, die zunächst spanische und italienische Dichter, dann auch Autoren wie Eliot beerben durften – während der deutschen Lyrik mit Rilke, Trakl und ein wenig Krolow nahezu nur in Parenthese aufzublitzen vergönnt war. Auf die Herausforderung der Verspätung reagierte man im wesentlichen mit dem, was Bloom den »Askesis«-Effekt nennt. Das heißt zum einen: äußerste Verknappung, Hermetisierung wie im Fall Paul Celan. Zum anderen: Entschlackung auch im Symbolischen, jene strenge Ökonomie der »Stoff-Verflüchtigung« und »Bild-Verdünnung«, mit der Karl Krolow eine Tradition des ›Danach‹ begründete, der die Nullpunktsituation von 1945 haikuartig eingeschrieben blieb. Wenn aber die Zuspätgekommenen ihre Vorbilder schon nicht einholen konnten, stand ihnen dann nicht wenigstens der Triumph zu, die Letzten zu sein, die Vollender der Moderne? Jedenfalls scheint es, als hätte die Generation, die in den 70er und 80er Jahren zu schreiben begann, zwar auf namhafte Vorläufer zurückblicken können, als hätten diese ›Mütter‹ und ›Väter‹ aber zum Thema Lyrik bereits alles noch Mögliche gesagt und das letzte Wort gesprochen. Wer von den youngsters hätte die Leichtigkeit Krolows, die Verzweiflung Eichs, die Magie Aichingers, die Sprachspiele Jandls, die Verdichtung Celans auch steigern, diesen eschatologischen Kanon überbieten können? Trotz Krolows Bemühungen, eine poetische ›Schule‹ zu gründen, trotz der Offenheit, Fortsetzbarkeit von Texten Jürgen Beckers, Friederike Mayröckers, Hans M. Enzensbergers (»Der Untergang der Titanic«) oder Paul Wührs stellt das jüngste deutsche Gedicht sich weniger als Element einer ›Great Chain of Writing‹ denn als eine Art Joker, eine Leerstelle dar, auf der nahezu beliebig viele Traditionen, Stile, Schreibweisen sich eintragen können. Eine für viele jüngere Autoren apokalyptische, nicht zuletzt auch verführerische neue »Stunde Null«, mit der Chance, jenseits der alternden Avantgarden zu experimentieren, die Vielzahl der Vorgaben zu einem an der eigenen Erfahrung erprobten sprachlichen Muster zu verknüpfen.

Kann unter solchen Umständen überhaupt noch von ›deutscher‹ Lyrik die Rede sein? Liegt es, auf Grund stärkerer Kontinuitäten, näher, von ›englischer‹, ›französischer‹, ›italienischer‹, ›spanischer‹, ›polnischer‹ Lyrik (etc.) zu sprechen? Oder hat man es mittlerweile allüberall mit Euro-Poesie, einer standardisierten poetischen Währung zu tun, die unsere Verse schleichend verwandelt hat, noch bevor Brüssel die Einheits-Münze einzuführen wagte? Anders, offensiver formuliert: Geht es den jüngeren europäischen Lyrikern vor allem um internationale ›Anschlußfähigkeit‹, poetische Kommunikation im Sinne des Goetheschen Traums von der »Weltliteratur«? Um geistiges Vagantentum, multilaterale Hochseilakte, um die Zugehörigkeit zu einem nachmodernen, aufgeklärt-ironischen westlichen ›Diskurs‹, dem regionale bzw. nationale Eigentümlichkeiten gestohlen bleiben können? Haben sie, haben wir am Ende gar keine andere Wahl, als uns zu unserem Nomadentum zu bekennen, als Mitglieder jener »Mischrasse«, die Nietzsche einst prophezeit hat, auf den ›genius loci‹, auf alle ›provinziellen‹ und ›folkloristischen‹ Reste zu verzichten?

Kaum hat man sich freilich losgesagt von Riten, Tracht und Dialekten, sieht man sich der berüchtigten Homogenisierungs-›Woge‹ ausgesetzt; mit McDonald's, Disneyland und Reality-TV schwappt sie von Übersee heran, wie gemacht, um scheinbar vergessene Dammbauinstinkte zu wecken. Perspektivenwechsel – und schon ertappt man sich beim Appell an nationalliterarische Traditionen, schon unternimmt man (fast) alles, um ein Stückchen ›Originalität‹ zu retten, mit Versen und Pamphleten anzuschreiben gegen jene nivellierende Ignor-Arroganz, die sich in W. Szymborskas Zeile »»La Pologne? La Pologne? Schrecklich kalt dort, nicht wahr?«« spiegelt. Wäre es nicht an der Zeit, heißt es dann, statt sich weiter in Nischen und Elfenbeintürme zu flüchten und den autonomen poetischen Akt zu feiern, von neuem das zerfledderte Wort ›Engagement‹ in den Mund zu nehmen, mit den Mitteln der Poesie für die bedrohte kulturelle Eigenständigkeit des Herkunftslandes, des marginalisierten zumal, zu kämpfen? Dürfen wir dieser Versuchung nachgeben, ja, müssen wir es nicht – selbstredend, ohne Samuel Johnsons Satz, der Patriotismus sei die letzte »Zuflucht eines Schurken«, auch nur einen Augenblick zu vergessen?

In der Not dieser Alternative kommt uns die Wendigkeit eines Autors wie Michael Hamburger gerade recht: Tertium datur, flüstert er uns (in »Das Überleben der Lyrik«) zu und schlägt nichts geringeres vor als einen dialektischen Salto mortale: »Nationalismus und Internationalismus, Nationalismus und Regionalismus mögen politisch, wenn nicht gar kulturell unversöhnliche Gegensätze sein. Regionalismus und Internationalismus hingegen können in einem dialektischen Zusammenhang stehen.« Und wenig später heißt es: »In den Werken der Dichter, die ich am liebsten mag, bilden gerade regionale Liebesbeziehungen und Loyalitäten die Grundlage eines umfassenderen Engagements ...« Mit anderen Worten: Zur europäischen (oder zur Welt-)Literatur gelangt man nicht auf der Leiter nationaler Hierachien und abstrakter Vermittlungen, ganz im Gegenteil: Gerade das Beharren auf dem Nächstliegenden, die Beobachtung der Nuancen und Details, mit denen die Umgebung (eine nach Möglichkeit selbstgewählte, kein biologischer Wurzelgrund) aufwartet, ermöglicht den Sprung in das ganz Andere, die Teilnahme an einem grenzüberschreitenden literarischen Gespräch. Das hieße letztlich, daß Europa noch einmal entführt werden müßte – nicht mehr von einem stiergestaltigen Jupiter, sondern vom Dichterroß selbst, nicht mehr »medii(que) per aequora ponti« (Ovid), sondern an die Küsten, die Peripherie: Europa müßte der nivellierenden Herrschaft der Zentren den Rücken kehren, ohne freilich an den Rändern das Fundament für neue, für Anti-Zentren zu legen, dubiose Kultstätten, heilige Kriege.

»Ich bin Europa!« (Fernando Pessoa)

Noch einmal: Gibt es nur das portugiesische, griechische, rumänische, kroatische, schwedische Gedicht oder gibt es darüber hinaus so etwas wie ›europäische‹ Gedichte? Gedichte, die nicht nur der Zufall ihrer Entstehung in irgendeinen Winkel dieses Kontinents verschlug, die auch und vor allem durch Ton und Geste, eine spürbare Schwerkraft der Überlieferung, ihre Herkunft verraten? Die nicht von vornherein in der Weltsprache geschrieben und prima facie zugänglich sind, sondern übersetzt, gedeutet werden müssen … Gedichte, deren ›Dichte‹ sich einer Fülle von Namen, Orten, Landschaften, Erinnerungen verdankt, die auf engstem Raum, für ein paar Verse, eine lose Liaison eingehen? Gedichte, die nichts anderes gemeinsam haben als ihre babylonische Unterschiedlichkeit, den Widerstand gegen alles leicht Konsumierbare, den sang- und klanglosen Untergang der Metapher? Oder stellt, ganz im Gegenteil, auch und gerade das Europa des Gedichts eine ärgerliche Kopfgeburt dar – da jedes Gedicht unverwechselbar nur für sich spricht, bestenfalls als Zeuge der Möglichkeiten, die eine Nationalsprache birgt, gelesen werden kann, als das verfremdete Dokument einer individuellen Biographie? Bliebe ein Gedicht am Ende nur ein Gedicht, solange es nicht ›europäisiert‹, übersetzt worden ist und in irgendeinem anthologischen Potpourri verschwindet?

Der langen Rede über europäische Gedichte kurzer Sinn: Zbigniew Herberts »Rovigo«. »*STATION ROVIGO. Unklare Zusammenhänge. / Ein Drama von Goethe / oder etwas aus Byron. Ich bin durch Rovigo gefahren / x-mal und beim x-ten mal hab ich verstanden / daß dies in meiner inneren Geographie ein besonderer / Ort ist wenn auch weniger wichtig als / Florenz. […]*«

Joachim Sartorius

Das »europäische« Gedicht gibt es nicht

Bei der Frage, ob es das »europäische« Gedicht gebe, ist mir nicht ganz wohl. Sie scheint auf Abgrenzung aus zu sein. Sie scheint nicht zu wissen, daß zum einen keine Poesie auf eine andere wirklich rückführbar ist und zum anderen, sofern sie groß ist, in bemerkenswerter Weise mit anderen Poesien in einer gemeinsamen Sphäre der Sprache verbunden ist, die ohne europäische Merkmale auskommt. Diese Frage scheint schließlich zu vergessen, von welch enormer Vielfalt die Gedichte sind, die in Europa geschrieben werden – von einer Vielfalt, die nur gewaltsam unter einen wie auch immer gearteten Oberbegriff zu scharen wäre. So sind mir Grund, Hintergrund und Ziel der Frage unklar. Welchen Sinn würde eine solche Klassifizierung überhaupt machen? Ulrich Beil ist klug, weil er Seitenfragen stellt und Nebenwege öffnet und Antworten vermeidet, sie allenfalls nahe legt. Für meinen Teil denke ich, es gibt nur »lokale« Gedichte, die, wenn sie durch das Gedächtnis der Welt (der Poesie) gegangen sind, dieses Lokale transzendieren, und, wenn es sehr gute Gedichte sind, zur Weltpoesie gehören. Ich fühle mich also dem dialektischen Vorschlag von Michael Hamburger nahe, wonach Regionalismus und Internationalismus in einem engen dialektischen Zusammenhang stehen.

1992 saß ich mit Heiner Müller und Iannis Kounellis in einer Berliner Kneipe. Sie wollten sich sagen, was gute Kunst sei. Die Verständigung war schwierig. Kounellis sprach griechisch und italienisch, Heiner Müller deutsch und englisch. Es kamen Gesten, Lächeln, kleine Zeichnungen hinzu. Schließlich einigten sie sich, daß man vom Allerpersönlichsten und Eigensten (Paul Celan: »Die Kunst erweitern? Nein. Sondern geh mit der Kunst in deine allereigenste Enge. Und setze dich frei.«) ausgehen und dies »mit einer internationalen Sprache der Formen« ausdrücken müsse. Das Gespräch, darauf wette ich, wäre nicht anders gelaufen, wenn Derek Walcott am Tisch gesessen hätte oder Ilya

Kabakov. Die Installationen dieses großen russischen Künstlers wären nicht denkbar ohne das Sowjetsystem, in dem er aufwuchs, ohne die Moskauer Kommunalwohnungen, in denen er litt, und die aus einem lokalen repressiven Kosmos transportiert werden in eine Metapher für Oppression, Elend und Angst, wie sie auf der ganzen Welt zu fühlen sind.

Fragen, ob es so etwas gibt wie »europäische Musik«, »europäische Architektur« oder »europäische Literatur«, werden heute meist im Zusammenhang mit der Frage nach einer europäischen kulturellen Identität gestellt. Regelmäßig werden dann Humanismus und Aufklärung genannt, als das Nationale hinter sich lassende, gesamteuropäische Phänomene, auf die unser Denken und Schreiben sich heute noch bezieht. In diesem Sinn könnte man, auf die Poesie gemünzt, versucht sein zu sagen, daß Sappho und Petrarca, Shakespeare und John Donne, Ronsard und Baudelaire, Novalis und Rilke, San Juan de la Cruz und Machado so etwas wie ein europäisches Gedächtnis der Poesie darstellen. Aber sind Yunus Emre, Basho, Walt Whitman oder Borges nicht ebenso Teil eines Gedächtnisses, durch das jeder, der heute in Europa Gedichte schreibt, gehen muß? Vielleicht hätte man im 19. Jahrhundert tatsächlich von so etwas wie einem europäischen Gedicht sprechen können. Die Traditionen sind heute hybrid geworden, der »Sound« eines heute in Passau oder Posen geschriebenen Gedichtes speist sich aus tausend Quellen. Das Unverwechselbare in einem Gedicht kann nicht das Europäische an ihm sein. Es ist richtig: Der Ort spielt eine Rolle (er wird virtueller), die Zeit (aber es herrscht Gleichzeitigkeit), die Erinnerung. Sie ist das Eigenste, sofern sie Verarbeitung des uns Umgebenden ist. Das präzis Subjektivste ist auch das Universale, an Europa vorbei.

Mario Luzi
Nur der ewig gleiche Brei im alten Kessel?
Eine Forderung nach poetologischer Katharsis

Wie doch der ewig gleiche Brei im alten Kessel vor sich hinköchelt. Und doch: Ulrich J. Beils Variationen sind alles andere als anachronistisch und unzeitgemäß. Sie sind ganz im Gegenteil geistreich und der gegenwärtigen Lage aufmerksam zugewandt. Wir könnten sie als berechtigt oder nur vorgeschoben erachten, doch werden wir nicht ihre Glaubwürdigkeit bestreiten können, selbst dann nicht, wenn sie auf jene wohl unverwüstlichen Debatten verweisen, welche die Literatur jeden Landes im Laufe dieses Jahrhunderts hat aufwerfen müssen – wie z. B. jene um Radikalität oder Weltbürgertum. Es gemahnt uns dies an das zyklische Wesen literarischer Prozesse. Wie bei jeder kreativen Tätigkeit, so wird auch in der Lyrik die Zeit von einem nicht bestimmbaren Ablauf geprägt. Ja, man könnte meinen, sie bewege sich überhaupt nicht. Es sind die zu ihr parallel verlaufenden Tätigkeiten wie die Rhetorik, welche das Uhrwerk aufziehen und den Zeiger auf diesen oder jenen Punkt des Zifferblattes ausrichten. Doch nicht einmal dieser Prozeß verläuft linear. Dessen muß man sich bewußt sein, wenn man sich mit allgemeinen Fragestellungen beschäftigt.

Gibt es also eine europäische Lyrik? Ich hoffe, es existieren keine Kriterien, um eine solche bereits vorab zu erkennen oder zu kennzeichnen. De facto könnte man sie, ich bestreite dies nicht, rückblickend auch der Lyrik anderer Kulturräume, anderer Zivilisationen gegenüberstellen. Doch die Begrifflichkeit des Vergleiches ist nicht eindeutig, und nicht einmal das damit angedeutete Verhältnis ist unumkehrbar. Differenzen ändern sich, Gegensätze versöhnen sich und gehen ineinander über. Der vorherrschende Bereich, in dem unsere Episteme sich bewegt, das unbewußte oder auch ausgesprochene Prinzip, auf dessen Grundlage unsere Vorstellungen von Lyrik immer beruht haben, nun, irgendwann einmal finden wir ihn verändert vor, durchsetzt mit anderen

Werten und Maßstäben, die jedoch inzwischen die unseren geworden sind.

Europäisch? Oder nur in Europa geschrieben? Auch unter diesem Aspekt befindet sich das literarische Universum, wie das All überhaupt, in einer immerwährenden Metamorphose. Jeder von uns tritt ein in dieses Universum und wenn er glaubte, dort eine Stellung einnehmen oder verteidigen zu können, wird er sich bald in jenem Wandlungsprozeß verloren haben, welcher den sichtbaren wie den inneren Horizont fortwährend umgestaltet. Die konstante Linie, die uns vor dem Schiffbruch bewahrt, ist die Identität: die Übereinstimmung mit uns selbst, auf die wir unser ganzes Leben lang zusteuern. Ein Projekt – unseres, uns eingeschrieben? –, von dem uns abzubringen die Welt nichts unversucht läßt und welches doch danach strebt, Wirklichkeit zu werden. Was haben wir auf diesem Weg nicht bereits alles verloren und erworben. Die Grenzen verliert man aus den Augen und findet sie wieder. Werden neue gezogen werden, aus purer Dialektik? Doch welchen Nutzen werden sie in diesem Fall bringen?

Beil hält sich nicht mit der Erörterung der deutschen Lage auf. Gleichwohl setzt er sie voraus und bezieht sie ernsthaft mit ein, mag sie vom Dunklen, Tragischen, Katastrophischen auch bereits zur sprachlichen Katharsis übergegangen sein. Bei diesem Übergang gelingt es Beil, die eigentlich zentrale Frage der Lyrik unserer Zeit zu fokussieren. Indem er von einer genau umschriebenen und sehr eigentümlichen Situation spricht, nimmt auch er unversehens die übergreifende Problematik ins Visier.

Es ist die Bedrohung durch Undeutlichkeit, die ich als einen Hinterhalt, sowohl für die Autoren wie auch für die Leser, empfinde: sie betrifft in Wahrheit unsere poiesis. Und zwar vielleicht vollständig, denn nicht einmal der faszinierende Grenzbereich zum Exotismus, oder wenn man so will, zu fremden Kulturen, gewährt hier Sicherheit. Es trifft wohl zu, daß diese Kulturen von der geschichtlichen Dimension weniger bestimmt werden, doch leiden im Inneren auch hier die Traditionen und Verhaltensmuster am Verschleiß. Die Gefahr geht von einer wirklichen

Disharmonie und Ungleichheit aus, welche in verstärktem Maße auf der Sprache lastete und dies heute noch tut, sowie, es ist nun an der Zeit, dies zu sagen, auf dem System des poetischen Ausdrucks. Auf die kürzeste Formel gebracht, könnte man hier von einer pathologischen Disharmonie sprechen, von einer Geschwulst zwischen Signifikat und Signifikant. In dieser Geschwulst saugt nun die Kunst der Rhetorik nach Nahrung und findet sie reichlich, indem sie nämlich das eingeschriebene Sinnpotential verringert oder zumindest verseucht und so seine Wirksamkeit herabsetzt.

In alle Winkel der Welt ist, so weit ich sehe, die Lyrik vorgedrungen, stets versehen mit einem ungeheuren Rattenschwanz an mehr oder weniger wertvollem Beiwerk, welches, diente es auch einmal nicht dekorativen Zwecken, sich in die Zeitspanne zwischen der Ursache und den Wirkungen eingenistet hat, bis es schließlich aufhörte selbst Ursache zu sein, um Rückstand, nutzlose Last zu werden. Beils Hinweis auf Celan ist hier besonders aufschlußreich. Denn in der Tat, gerade dort, an der Seite eines äußerst scharfen Verweises und einer ebenso harten Katharsis, vollzieht sich ein Akt (kein Ritus) der Reinigung, der jeden betrifft. Diesseits oder jenseits der Grenze zum neuen Jahrtausend und jener zu den Kontinenten, hat das einzelne Gedicht heute zunächst das Bedürfnis, sein Wort zu rechtfertigen, durch viel und echtes Schweigen zu dringen, um sodann vor demjenigen, der es benutzt und empfängt, um so glaubwürdiger und unwiderlegbarer zu erscheinen. Ich spüre, daß das, was ich hier in Worte fasse, ein Postulat nach Unschuld ist und somit der literarischen Problematik fremd. Doch gerade hierin liegt die Anomalie, die uns vor der drohenden laufenden Veränderung warnt.

Aus dem Italienischen von Roberto Di Bella

Ulla Hahn

Glücklich, wer in mehreren Häusern zu Hause ist

Die Erfahrungen der Liebe, des Schmerzes, der Todesgewißheit: ich teile sie mit allen Menschen. Als Zeitgenossin lebe ich in bestimmten sozialen, historischen, kulturellen Zusammenhängen und mache auch hier allen vergleichbare Erfahrungen. Schreibe ich ein Gedicht, so kann man bei dessen Lektüre auf soziale, ethische, humanistische Topics, auf seine mimetischen und kommunikativen Eigenschaften Wert legen. Dann käme man – auf Grund der geographischen Nähe der Sprachräume in Europa und seiner langen geschichtlichen und kulturellen Verwobenheit der Vaterländer und Muttersprachen zu dem Schluß, daß es ein »europäisches Gedicht« geben muß.

Doch was heißt das schon? Wer ein Gedicht so liest, liest es nicht als Gedicht. Die Erfahrungen, die der Autor mit allen teilt, sind nicht durcheinanderzubringen mit der überzeugenden Übertragung dieser Erfahrungen in Sprache, seine Sprache. Die Funktion von Dichtung ist es nicht, einmalige, atemberaubende Erfahrungen zu artikulieren, sondern Erfahrungen schlechthin, vor allem die gewöhnlichen, in eine einmalige atemberaubende Sprache zu überführen. Daher ist der einzige Anspruch, den man an ein Gedicht stellen sollte, ein ästhetischer. Das heißt nicht, daß das Gedicht von der Aufnahme sperriger Gegenstände absehen sollte, im Gegenteil. Dichtung dünnt sich selbst bis zur Bedeutungslosigkeit aus, wenn sie das soziale öffentliche Leben nicht beachtet, wenn sie sich auf nichts anderes bezieht als auf sich und auf die Sprache.

Doch repräsentiert das Gedicht weit mehr als die »Außenwelt« die Sensibilität und das Temperament des Autors, mit denen dieser auf diese »Außenwelt« reagiert, und diese Sensibilität und dieses Temperament wiederum sind auch von den historischen Möglichkeiten der Epoche des Autors geformt worden.

In diesem Sinne, bezogen auf die Sensibilität eines Autors, repräsentiert das Gedicht einen besonderen historischen Augenblick. Bäume, Blumen, ethische, soziale Angelegenheiten, alles hat seinen Platz in einem Gedicht. Doch alles ist nur Material zur Transformation in die Farben des Gedichts, in die Farben der Sprache des Autors. Einmal in Sprache überführt, betreten die Gegenstände ein System von Beziehungen wie in einem magnetischen Feld, das sich auf das ganze Werk des Dichters erstreckt und sich aus ihm immer wieder neu ordnet. Verweise und Bezüge in einem Gedicht sind daher auch mehr innerhalb der Dichtung als außerhalb zu suchen, auch wenn der »Stoff« des Gedichts ein ethischer, sozialer, mimetischer ist.

Wenn wir diesen Vorgaben – daß der einzige Maßstab, den man an ein Gedicht stellen sollte, sein ästhetischer Wert ist, der wiederum in der einzigartigen Artikulation von Wahrnehmung liegt, die sich im Medium der Sprache vollzieht – wenn wir diesen Vorgaben zustimmen, kann es dann ein »europäisches Gedicht« geben? Oder nur Gedichte in Muttersprachen?

Ich halte es für eine grobe Fahrlässigkeit, wenn Verlage Übersetzungen von Gedichten ohne Originale drucken und mit übersetzten Gedichten umgegangen wird, als seien es deutsche. Das Verhältnis des Autors zu seinem Material, der Sprache, läßt sich mit keiner Übersetzung ausloten. Doch die Abkehr vom Subtilen, vom Lesen mit den Ohren, sensiblen Ohren, die Begegnung mit dem Gedicht als Klangkörper (ohne Gebrüll und kabarettistische Mätzchen), die Vernachlässigung des sinnlichen Aspekts der Dichtung, ist historisch bedingt, ist Ausdruck einer immer rascher fortschreitenden Möglichkeit einer weltumspannenden Kommunikation. Wir haben heute nicht nur die Möglichkeit, uns vertikal in die eigene Dichtung zu vertiefen, sondern ebenso begierig lesen wir horizontal die Dichtung der Welt des 19. und 20. Jahrhunderts. Wenn die Übersetzung gut ist, d. h. dem Original nahe kommt, bleiben zumindest Gedanken, Bilder, kommunikative und narrative Erfindungen des Gedichts übrig. Ästhetische Erfindungen aus allen Sprachen können bis zu einem gewissen Grade in die eigene Sprache, in die Sprache der

Dichtung, integriert werden. Auf dieser Ebene gibt es sicher einen größeren Gleichklang innerhalb der europäischen Kulturen als es ihn z. B. gegenüber Asien gibt. Auch das deutsche Gedicht ist heute nicht mehr denkbar ohne die Dichtung Mallarmés oder Baudelaires, ohne die von T. S. Eliot oder Ezra Pound, um nur wenige zu nennen.

Mag sein, daß der klassische deutsche, ebenso wie der französische, italienische, spanische Kanon, immer schneller ergänzt (hoffentlich nicht »ersetzt«) wird durch einen modernen mit Gedichten in freien Rhythmen und Übersetzungen. Die mächtige Arbeit der Imagination wird das nicht beenden, eher beflügeln. Und doch: »Die Sprache ist das Haus des Seins« (Martin Heidegger). Glücklich, wer in mehreren Häusern zu Hause ist. Nichts kann einem Dichter den Schatz ersetzen, den Schatz von Gedichten in seiner Muttersprache, der ihm weit mehr als die Kunst ist: seine Natur.

Andrea Zanzotto

Die kleinen Bewohner
eines kleinen Kontinents

Alle Betrachtungen Ulrich J. Beils zu Europa, zum europäischen Gedicht, sind außerordentlich scharfsinnig und facettenreich, und ein jeder, der über Lyrik in Europa schreiben möchte oder auch nur von außen annähernd europäische Themen streift, muß auf das, was Beil in seinem Vorwort schreibt, zurückkommen. Ich nutze die Gelegenheit, um ihm dafür zu danken, auch an meine Arbeit erinnert zu haben. Nun nicht mehr der jüngste, geboren kurz nach dem I. Weltkrieg, kam ich gerade noch rechtzeitig, um das Grauen der Jahre 1939-45 durchzustehen und habe anschließend (jedoch nicht allzusehr) an die Möglichkeit eines geeinten Europas geglaubt. Ich glaube noch immer daran, trotz der Offensichtlichkeit eines gewissen typisch europäischen ›Untergangs‹, angesichts der ungeheuren Größe der asiatischen und amerikanischen ›Kontinentalstaaten‹. Ich habe somit die beruhigende Wohltat erfahren, in einem Netzwerk literarischer Intertextualität aufgewachsen zu sein, ermöglicht durch das Vorhandensein eines dichten sprachlichen Geflechtes, welches sich jedoch während der vierziger Jahre, zu Beginn meiner schriftstellerischen Tätigkeit, sehr von dem heutigen Zustand unterschied.

Ein wahrer Abgrund klafft zwischen den zwei Epochen: aufgrund der Ausdrucksweise, der Bedeutung und der Kraft, die die europäischen Sprachen – wie übrigens auch die Nationen, bzw. das, was vom Nationalgedanken geblieben ist – inzwischen angenommen und erreicht haben. Kürzlich hatte ich Gelegenheit, als Ergebnis einer anregenden Diskussion mit Studenten der Universität Venedig, einen kurzen Aufsatz zu schreiben. Er war überschrieben »Europa, Granatapfel der Sprachen«, und darin hob ich mit einer gewissen Besorgnis hervor, wie sich diese in einem einzigen Fruchtstand gewachsene Pluralität einem ausufernden und stets weiter »mutierenden«, doch durch sein längst weltumspannendes Wesen nun notwendiges Broken English ausgesetzt sieht. Es besteht heute die dringliche Aufgabe, die einzelnen Sprachen zu retten, denn in ihnen ruht und manifestiert sich der innerste Kern einer jeden Ethnie, sowie deren Macht, unterschiedliche literarische Traditionen zu erzeugen.

Ich selbst habe später ein leidenschaftliches Interesse für Dialekte entwickelt, jenen kleinen venezianischen Dialekt eingeschlossen, den ich stets gesprochen habe und weiter täglich spreche und dessen ich mich bei vielen Anlässen auf völlig literarische Weise bedient habe, wie z. B. anläßlich von Fellinis Film »Casanova«. Ich teile also Michael Hamburgers Ansicht, d. h. auch ich bevorzuge an den lyrischen Werken die »regionalen Liebesbeziehungen und Loyalitäten«. Auf ihrer Grundlage entwickelt sich, über jeweils aufeinanderfolgende Stufen und neue Aggregatzustände, die Kraft zu einem weltumspannenden Meinungsaustausch, verwirklicht im Dialog auch mit dem »völlig Anderen«. Doch können sich hier ebenfalls falsche Vorstellungen bilden: man denke nur an das, was in Jugoslawien geschehen ist, an jene abscheuliche Versuchung einer unmöglichen »literarischen und sprachlichen Säuberung« im Zuge einer »ethnischen Säuberung«.

Ich bin fast immer in meinem kleinen Geburtsdorf geblieben, um dort den Beruf des Lehrers auszuüben, und meine nicht allzu häufigen Reisen haben sich stets auf Europa beschränkt. Doch ich spüre, daß die Bindung an diesen Ort mich nicht aufgerieben, sondern im Gegenteil einen ständigen brieflichen und imaginären Dialog mit den europäischen Lyrikern und ihren Sprachen begünstigt hat, wenngleich hier die Kenntnis des Französischen, die ich auch während meiner Schweizer Emigrantenzeit vertieft habe, bei weitem überwiegt.

Der tiefsitzende Zweifel, der mich zögern läßt, mich außerhalb der venezianischen Landschaften zu bewegen, fast als wären sie ein schützendes Nest, läßt sich im übrigen auf die Angst vor der schrecklichen und anhaltenden Gewaltbereitschaft zurückführen, unter der unser kleines Europa häufig gelitten hat und es oftmals in ein Inferno verwandelte. In meiner Lyrik habe ich mich lange an jenen Orten aufgehalten, wo viele der grausamen Schlachten des I. Weltkrieges stattfanden, in eben der Landschaft, in der ich lebe. Von diesen Orten, einst Schauplatz der großen künstlerischen und literarischen Kultur der Renaissance, zu sprechen, geriet zum Sprechen über die Rätsel Europas und das unablässige Aufflammen von Brüderkriegen, zugleich auch zur Aussage über innovative und äußerst lebendige Kulturen: ein quälender Widerspruch in sich. Europa bestand also aus diesen ewig unruhigen und angriffslustigen oder angegriffenen Völkern, zusammengedrängt auf engen Raum und doch so »weit« voneinander entfernt. Doch schuf erst diese ständige Verquickung von wundervollen und derart ausdifferenzierten Eigenarten das Modell für jegliche kulturelle Weiterentwicklung, ein Modell, welches dann auf der ganzen Erde Geltung gewann. Hiervon schrieb ich vor allem in der Gedichtsammlung »Il Galateo in Bosco«.

Was nun die Italiener und ihre enorme künstlerische Kreativität wie auch enorme politische Zerbrechlichkeit betrifft, mit einer Literatur, die mit Dante, Petrarca und Boccaccio ihren Höhepunkt bereits im hohen Mittelalter erreicht, so sind jene auch heute noch, trotz des Werteverfalls im Italien der vergangenen Jahre, immer noch sehr um die Belange ihrer Literatur und Sprache besorgt. Diese Sprache, die im internationalen Vergleich zwar von immer geringerer Bedeutung ist (einige Spezialgebiete ausgenommen), wurde hingegen im eigenen Land im Kreis der traditionell wichtigen Dialekte, oder besser gesagt, kleinen Schwestersprachen (welche nun auch ihrerseits verfallen) mehr und mehr gesprochen.

Das heutige Gedicht ist kein großer Reisender, doch existiert zwischen den europäischen Lyrikern, oder sagen wir einmal jenen »der tonangebenden europäischen Länder«, sicherlich ein Netzwerk wechselseitiger Hilfeleistungen und liebevoller Unterstützung, welches Anlaß zu intensiven gegenseitigen Übersetzungen ist, fast sämtlich ehrenamtlich und amor dei ausgeführt und sicherlich nicht auf irgendwelche verlegerische Impulse hin. So habe auch ich mehr als einmal meine Bücher in Übersetzungen gesehen, einige von ihnen mit ausführlichen mundartlichen Passagen, welche gemeinsam mit der Ursprungssprache eine gleichberechtigte Triade bilden. Es sind interessante Beispiele dafür, wie der auch geringste der Dialekte – zusammen mit dem Italienischen – im Französischen, Deutschen, Spanischen bis hin ins »universelle« Angelsächsische widerhallt und zwar auf recht harmonische Weise, wie ich meine. (Aufgrund ihrer herausragenden Qualität verweise ich hier auf die in Österreich erschienene und von Capaldi, Paulmichl und Waterhouse besorgte Auswahl »Lichtbrechung«.) Ich muß jedoch hinzufügen, daß der das europäische Archipel bewohnende Lyriker (um an eine glückliche Formulierung und Abhandlung Massimo Cacciaris zu erinnern), sich von den unterirdischen Grabungen in den Abgründen und vom Taumel jenes ungeheuren »Chaosmos«, von dem wir alle umgeben sind, angezogen fühlt. Die kleinen Bewohner eines kleinen Kontinentes können nicht anders, als diesen in alle Richtungen zu verlassen, um unser kleines irdisches Sandkorn »aus der Perspektive des Sirius« zu betrachten, und das streitsüchtige, selbstzerstörerische menschliche Wesen zu Frieden und Brüderlichkeit oder doch zumindest zu einer möglichst geringen Gewaltbereitschaft anzuspornen. Auch wenn die Welt bislang noch vor Waffen strotzt.

Aus dem Italienischen von Roberto Di Bella

Kurt Drawert

Europa als Mythos und Projektion

»*Ich werfe keine Münzen in den Brunnen, / ich will nicht wiederkommen. // Zuviel Abendland, / verdächtig. // Zuviel Welt ausgespart. / Keine Möglichkeit / für Steingärten.*« Diese »Fußnote zu Rom« von Günter Eich wäre, wollte ich unter Zwang danach suchen, das europäischste Gedicht, das ich kenne. Aber ist es schon europäisch, weil es die Flucht vor Europa beschreibt und feststellt, daß dessen Geschichte eine Geschichte der verlorenen Identitäten und gebrochenen Übereinkünfte ist? Welchen anderen hervorhebenswertern Charakter könnte das europäische Gedicht qualitativ besitzen, außer den, auffallend oft von Verlusten zu sprechen und hauptsächlich auf Diskontinuitäten zu reagieren, auf Brüche und gestürzte Ideologien?

Da das europäische Gedicht nicht gleichbedeutend sein kann mit dem Gedicht, das in Europa verfaßt worden ist, müßte ihm eine Eigenschaft zukommen, die verbindliche und verbindende Elemente enthält und zugleich die Intentionalität und Komplexität eines jeden einzelnen Gedichtes respektiert. Die aber gibt es nicht, oder es müßte nachweisbar sein, daß es eine kulturelle Homogenität und ein überschaubares Nacheinander der Entwicklungsfolgen gibt. Tatsächlich aber, und vor allem für das 20. Jahrhundert bezeichnend, bringen die modernen Gesellschaften eine Vielzahl einander unterschiedener und / oder konkurrierender Binnenstrukturen hervor, die ihrerseits eine Vielzahl ästhetischer Reflexe (...Tendenzen, Moden, Programme etc.) ergeben. Allein die Krisen als ein gemeinsamer Leidensanlaß haben noch die Rolle gespielt, kulturgeschichtliche Traditionen auf einen Nenner zu bringen und nach einer kollektiven Antwort zu suchen. Darüber hinaus wäre es besser, vom Mythos Europa zu reden als von einem Europa der Autarkie. Dieser Mythos ist heute die Aktie, die zirkuliert, um kommerzielle Interessen zu kaschieren und den angestrebten Allianzen in die Tiefe der Geschichte greifende Wurzeln zu geben. Das Schicksal einer technizitären Moderne aber, in der über ein Informationsnetz von äußerster Dichte eine Gleichzeitigkeit der Ereignisse herrscht, ist die Auslöschung oder zumindest Verflachung der kulturspezifischen Differenz, gleichviel, ob wir uns in Europa, in Asien oder Amerika bewegen. Noch reden wir von ethnischen Selbständigkeiten, aber tatsächlich sind sie doch kaum etwas anderes noch als optisch voneinander abgesetzte Trachtenpuppen am Touristenbasar.

Mehrfach hörte ich in letzter Zeit das Wort »Mc-Donaldisierung«, eine wahrlich monströse Worterfindung, aber ihrem Sinn nach nicht von der Hand zu weisen in zweifacher Hinsicht: daß es ein universales Vergesellschaftungskapital gibt – auf symbolischer Ebene ließe sich von einer Globalisierung der Herrschaftsdiskurse reden (… denn wir klicken uns ja jetzt schon weltweit in dieselben Programme und bekommen dieselben Ergebnisse heraus) –, und daß zweitens, ich darf es metaphorisch im Dienst dieser Wortneubildung sagen, überall auf der Welt die gleiche Soße auf die gleiche Art Nudeln herabläuft (… von der Ernährungsqualität hier einmal ganz zu schweigen). Wir haben schon lange eine Mischkultur mit einer westeuropäisch-amerikanischen Wert-Dominanz, und die in den Trend kommenden Abgrenzungsbegriffe beschreiben lediglich einen Komplex: den der Identitätslosigkeit und einer nomadisierenden, fragmentierten Subjektivität. Aber ist die Mischkultur nicht der gesündere Zustand in Anbetracht der Tatsache, daß es kulturelle Identität nachweislich nicht gibt? Und sind die Gesellschaften nicht schon seit Jahrzehnten darauf organisiert, ein nicht mehr zu durchtrennendes symbiotisches Gewebe zu sein, ein einziger Megaorganismus in einem einzigen physiologischen Kreislauf, segmentiert gerade noch in die verschiedenen Organe, d. h. in die verschiedenen Zulieferbetriebe mit ihren regionalen und nationalen Nuancen? Muten die Europäisierungsentwürfe, wo sie mehr fassen wollen als eine gemeinsame Währung und verstärkte Kapitalverflechtung, nicht an wie gigantische Schattengefechte? Der Untergang des Ostens als scheinbar alternative Ideologie hat den Prozeß der Entgrenzung noch beschleunigt und unumkehrbar gemacht. Die Etablierung eines neuen europäischen Selbstbewußtseins bedeutet nicht Ausdehnung von Zugehörigkeit auf einen größeren geografischen Raum, sondern ein Zurücklaufen auf eine kulturelle Mitte zum Zweck der Absonderung und Blockadenbildung. Aber auf der Suche nach sich selbst wird Europa nichts anderes finden, als der Besucher in einer der berühmten Katakomben in Rom finden kann: zu Knochenmehl verfallene Gebeine vieler unentbehrlicher Hochpersönlichkeiten. – Nun bin ich auf dem Weg, mein Thema zu verfehlen, das europäische Gedicht, und wie es aussehen könnte. Aber es existiert nicht, wie Europa als ein abgeschlossenes Archiv kultureller Güter nicht oder eben nur als Mythos, als Projektion existiert.

Das Gedicht ist eine Möglichkeit, auf Unmöglichkeiten und Gefährdungen zu reagieren und sie für die Dauer der nacheinander ablaufenden Verse außer Kraft zu setzen, und es hat sich, ohne auf seine regionalen Rest-Besonderheiten verzichten zu müssen, im Kontext einer nur noch als Ganzes zu denkenden und erschreckend zusammengerückten Welt zu behaupten. Vielleicht wird morgen schon die Frage zur Diskussion stehen, wie und in welcher Maskierung oder in welcher ungeheuerlichen Anpassungsleistung das Gedicht überhaupt noch existieren kann. Wenn Adorno vor fast einem halben Jahrhundert festgestellt hat, daß der moderne Kulturbetrieb beharrlich die Avantgarde zerstört, da er imstande ist, auch sein Gegenteil zu assimilieren und verkäuflich zu machen, so klingt das aus jetziger Sicht fast schon romantisch. Schöne alte Zeit, in der es das Gegenteil, d. h. einen Widerstand, überhaupt noch gab. Heute sehe ich die Kunst, oder sprechen wir vom Gedicht, hauptsächlich darin gefährdet, die Widerstandsbegabung nach und nach zu verlieren, weil es in denselben durch beschleunigten Konsumtionszwang hergestellten Entleerungsprozeß gestellt ist und auf Entleerung nicht oder nur schwer mit Sinn antworten kann. Aber die bloße Verwaltung der von Entleerung bedrohten Begriffe, sie wäre nichts anderes als die Kopierung der Kopie, die sie, anstatt sie zu sabotieren, legitimiert und ihr zum falschen Realitätsrecht verhilft. Darf man das heuer verstoßene und vollwaise gewordene Wort Engagement anbringen an dieser Stelle? – Engagement nicht in dem Sinne einer hochgehaltenen Arbeiterfaust, sondern einer strukturellen Kritik dem Gegenstand gegenüber, den das Gedicht in den Blick genommen hat, um ein Begehren zu äußern.

Das Gedicht ist, wo es keinen Krieg über den Gartenzaun führt oder am Größenwahn umkommt, jemanden erlösen zu müssen, eine exterritoriale sprachliche Situation, ein Niemandsort und damit universal. Das hat seinen besonderen Grund darin, daß es sich nicht aus Inhalten konstituiert, auch wenn es mit Inhalt gefüllt ist, und daß es Informationen erzeugt, die mehr sind als die Summe seiner Wörter und Sätze. Aber gerade diese Fähigkeit, einen nichtdiskursiven und alle Interpretationsversuche unterlaufenden Rest an Verborgenheit und Diskretion mitzuliefern, einen, wenn ich es so sagen soll, poetischen Mehrwert zu erzeugen, macht es immun gegen den möglichen Vorwurf, eine Verlängerung des linearen, handeln wollenden Gedankens zu sein. Denn schließlich wird es ja nicht dadurch erniedrigt, daß in ihm gedacht werden darf und daß man erwartet, es möge sich von sich selber abwenden und seinen Stoff, den es aufgenommen hat, auch kritisieren – also ein engagiertes (... und das heißt freilich auch ein wertendes) Verhältnis zu seinem Blick eingehen. Erniedrigt wird es, wo ihm diese Dimension schlichtweg abgesprochen wird im Namen einer zweifelhaften Selbstbefreiung, »*Hü wie Drü / aber die deutsche Inge / mit ihrem Stecknadelgesicht / ihrem im Wohlstand gesottenen / Spatzenhirn / findet Gedichte entweder total spannend / oder manchmal echt ätzend*« (Gerhard Falkner).

Paul Wühr

Jeder europäische Dichter ist unter vielen anderen europäischen Dichtern der einzige

Von dem ›einen‹ Gedicht versteh ich nichts. Da lasse ich Lyriker unter sich. Ich schreibe Bücher: in ihnen gibt es unter gewissen poetischen Umständen viele Gedichte. Mit Friedrich Schlegel denke ich: »Die Poesie ist eine republikanische Rede, die ihr eigenes Gesetz und ihr eigener Zweck ist, wo alle Teile freie Bürger sind und mitstimmen dürfen.« In einer solchen Republik ist kein Gedicht autonom, steht also nicht nur für sich selbst wie die Kunst im bürgerlichen Zeitalter, sondern ist eine Stimme unter vielen. Das Buch ist Vielheit; es hat nichts mit dem ›langen‹ Gedicht zu tun, in dem nur eine Stimme zu hören ist; sehr ominös.

Ich schreibe meine Gedichte in deutscher Sprache. Ich schreibe unter besonderen Umständen auch ›Deutsche Gedichtbücher‹. Sie mögen insofern auch als europäische Gedichte durchgehen, als sie mit Seume und anderen deutschen Geistern Deutschland ›unter‹ alle anderen Staaten einordnen im Gegensinn zu einer Strophe seiner Hymne.

Ein einziger Dichter Europas, es ist Pessoa, sagt: »Ich bin Europa.«

Kosmopoliten erfreuen mit gehobener – immer wieder schlimm servierter – Reiseliteratur, höre Aufenthalte mit oder ohne ›drinks‹ in diesem oder jenem Weltteil. Das interessiert mich nicht. Wie angedeutet: außer mit Liebesgedichten hat sich noch beinahe jeder mit gereimten Reiseeindrücken bei seinen Mitmenschen hervorgetan, was weiter nicht schlimm wäre, hielte es nicht vom Lesen ab, das vom Dichten abhalten würde. Was ich sagen will: in solchen europäischen Gedichten kommt – auch in kunstvollster Ausführung – die Poesie zu kurz.

Es gibt vielsprachige Dichter, keine Frage. Oskar Pastior erfindet nicht nur eine Sprache dazu.

Es gibt gewiß in Europa lebende Dichter, die – im Falle eines Zitates oder gar eines Auftritts von Dichtern: nicht nach der Nationalität des Zitierten und Berufenen fragen: in ihren Büchern gibt es keine Grenzen, weder in Europa, noch in der Welt, keine Frage.

Was soll man Pessoa antworten? – Ich bin nicht Bayern.

Wir Europäer wohnen alle in Triest. Nach Claudia Magris oder Angelo Ara wird diese Stadt mit dem beharrlichen Bewußtsein von einem gegebenen, aber nicht definierbaren Anderssein identifiziert: Authentisch, wenn sie in der schamhaften Innerlichkeit des Gefühls gelebt, und verfälscht, sobald sie verkündet und zur Schau gestellt wird. Die Geschichte des Mythos vom Anderssein – mit seinen Repressionen, seinen enthüllenden Belegen und seinem sentimentalen Charakter – ist die Geschichte dessen, was ein Poet den poetischen Partikularismus genannt hat. Triest, nach Magris und Ara: Verkörperung eines Andersseins, das von sich selbst profitiert und seinen Sinn in der Undefinierbarkeit und Negation sucht, ist erneut in Mode, denn seine Absenz und seine Randposition sind die Spiegel eines allgemeinen Zustandes unserer Kultur.

Ich zitierte. Es war immer die Rede von Poesie. Sehr verwirrend.

»Wenn dann jemand nach Triest kommt«, schrieb Slataper schon 1912 an Sibilla Alermo, »fällt uns nichts anderes ein, als ihn durch diese grauen Straßen zu führen und uns zu wundern, daß er nichts versteht.«

Friedhelm Kemp
Exportiert, imitiert, abgewandelt

Nein, das »europäische« Gedicht gibt es nicht, ebensowenig wie das deutsche Gedicht. Es gibt deutsche, französische, englische Gedichte aus verschiedenen Epochen, von verschiedenen Dichtern, und soweit sie in der griechisch-lateinischen, christlichen Tradition stehen, sind sie auch »europäische« Gedichte, nun ja, weil sie aufeinander verweisen und zurück auf Pindar, Horaz, Petrarca. Europa, das Abendland, die Christenheit ist (war) ein geistiger Raum. Daß literarische Moden (der Symbolismus, der Surrealismus etc.) exportiert, imitiert, abgewandelt werden, konstituiert noch keine »europäische« Gemeinsamkeit in poeticis. Horaz – Jacobus Balde – Herder, das war ein europäisches commercium, durch Jahrhunderte hin. Bis auf seinen Werther ist Goethe, genau besehen, international ein ehrfürchtig kolportiertes Gerücht (wie sollte dies anders sein, da auch die Deutschen ihn kaum kennen?), Mallarmé außerhalb Frankreichs kaum mehr als eine bestaunte Unbegreiflichkeit, inassimilable. Shakespeare, Milton, Voltaire, Byron riefen weitreichende geistige Klimaveränderungen hervor. Seither ist diese Funktion dem Roman und dem Essay und damit der Prosa zugefallen. Einzelne Dichter (Hölderlin, Rilke, Eliot) wirken auf andere einzelne Dichter, den geistigen Raum Europas konstituieren und bestimmen sie nicht. In ihrer jeweiligen Sprache mögen sie Ereignisse ersten Ranges sein (man nehme noch Ungaretti, Montale, Machado, Mandel'štam, Stevens hinzu); ihre Besonderheit, ihre Eigen-Art verhindert, daß sie durch das, was an ihnen wesentlich ist, anderswo »tragen«. Die deutsche zeitgenössische Lyrik gar kommt mir, dem Gehalt wie ihren formalen Bestrebungen nach, sehr wenig europäisch vor. Sie ist weithin experimentell verspielt, ideosynkratisch manieriert. Was mit »Form« einmal gemeint war, bleibt, trotz gegensätzlicher Versicherungen, meist außer Betracht. Die Vorstellung, etwa wie Saint-John Perse eine kontinentale, globale, mundane Synthese anzustreben, liegt ebenfalls jenseits ihres Horizonts. Wenn schon Europa und europäische

Dichter, dann bitte ausgewachsene Menschen – mit einem Rest von Vernunft. Die Vertreibung der Vernunft, ja des »common sense« aus der Poesie mag praktizieren und preisen wer immer: ich höre schon, nach Mitternacht, den Epilog des Narren.

Ulrike Draesner

Ineinandergesteckte Puppen

Ein Substantiv und ein national-geographisch kennzeichnendes Adjektiv: das »europäische« Gedicht. Was bedeutet das? Was bedeutet diese Fügung in ähnlichen Fällen: »italienisches« Gedicht, »türkisches«, »chinesisches« – da meint das Adjektiv die Sprache. »Luxemburgisches« oder »belgisches« Gedicht sagt man auch, etwa wenn es darauf ankommt, die nationalstaatliche Herkunft zu betonen. Spricht man aber wieder vom Gedicht, wird es eher »flämisches«, »französisches«, »deutsches« heissen. Und jedes davon kann aus Belgien kommen. Oder: das Gedicht eines österreichischen Autors über den Wiener Heldenplatz in einer deutschen Anthologie. In solchen Fällen ist das zuschreibende Adjektiv allerdings manchmal schwer wie ein Stein, der anstoßend blaue Flecken macht, weil sich in ihm nationale, staatliche, kulturelle, historische und sprachliche Register überschneiden. Darin zeigt sich eine Schwierigkeit, die auch den Gebrauch / die Bedeutung des Ausdrucks das »europäische« Gedicht bestimmt. Ich nenne diese Schwierigkeit der Überschneidung, in Anlehnung an Wittgenstein, ein Problem der Oberfläche der Grammatik: »ein Wort hat eine Bedeutung«. Gern denken wir so, ohne zu denken. Ein Wort = eine Bedeutung = eine Irreführung. Dem Gedicht gefällt das. Den Einordnern des Gedichtes nicht.

Die Wasserfläche der Grammatik ist glatt. Darin treiben kleine, runde Schwimmer (die Wörter). Aus ihnen hängen Tentakelfäden nach unten – wedeln im Wasser, krümmen sich, wachsen irregulär. »Spanisches Gedicht« und »spanischer Staat« sind solche, in unterschiedliche Bereiche ragende, unterschiedliche Flächen bestreichende Wort-Tentakel. Grammatik bündelt Heterogenes. Covert Unterschiede. Ist ökonomisch. In der Ungenauigkeit ihrer Ökonomie sitzt das Gedicht und lacht. Ein Adjektiv, ein Substantiv. Scheinbar die immer gleiche Zueinanderstellung zweier Wörter. Deklination, Geschlechtskongruenz.

»Spanischer Wein«, »spanische Fliege«, »spanisches Gedicht«. Die Oberfläche der Grammatik suggeriert die Identität von Nationen- und / oder Geographiezusammenhang sowie Gedicht. Jenseits des täuschenden Wortscheins, im Wasser des tatsächlichen Sprachgebrauchs, zeigt sich jedoch: das »europäische« Gedicht kann es nicht geben ohne eine wirklich gesprochene Europasprache. Da es sie nicht gibt, gibt es kein »europäisches« Gedicht (zumindest heute nicht; vielleicht wird einmal Broken English zur Europasprache – dann gibt es Gedichte in Broken English – als »europäische« Gedichte, aber auch als asiatische).

Im Bereich der Literatur schließen sich die vorgeblichen Nationenbezeichnungen zu anderen Einheiten zusammen: den imaginären Staaten der Sprache, eingetragen auf einer mentalen Karte, in den Tiefen- und Höhenlinien des Hörens und Lesens. Auf diese Weise entstehen keine undurchlässigen, lückenlosen Gebilde: Mischwesen vielmehr, mit geographischen Löchern (ein Amerikaner in Berlin schreibt ein Gedicht mit deutschen, koreanischen, polnischen Wörtern), sprachlichen Löchern (wie sage ich ›mind‹?, wie male ich laut?), historischen Lücken (wie das mittelhochdeutsche ›âventiure‹ ausdrücken?) und hybriden Köpfen (unser ›handy‹ – ein englisches Wort ist das ja nicht). Über diese Löcher den großen Parapluie der Zuschreibung »europäisch« zu halten, ist nicht nur »irgendwie bedauerlich«, sondern bedeutet ein im besseren Fall nur »akademisches«, im schlechteren Fall jedoch politisch-vermarktendes, gar usurpierendes Zudecken und Abschotten. Was es gibt, sind Gedichte über Europa – »europäische« Gedichte in einem auf den Inhalt zielenden Sinn. Doch ist so nur das Thema des Gedichtes getroffen, nicht aber das Gedicht, denn es ist nie mit seinem Thema identisch, weil es mit seiner Sprache identisch ist.

Eine dritte Wortverwendung von »europäisch« im Zusammenhang mit »Gedicht« jedoch ist denkbar. Sie zielt auf den kulturellen Raum, in dem das Gedicht entsteht, ist also eine Frage nach dem Begriff der poetischen Sprache. Was wir gemeinhin als Sprache bezeichnen, kommt im Gedicht, befreit vom Zwang, exklusiv semantisch zu sein, befreit vom Korsett einer alles dominierenden Referentialität zum eigenen Klang als Signifikant: dieser selbst und der von ihm ausgehende Prozeß des Verweisens machen sich hörbar. Assonanz, Dissonanz, Reibung, Vokalität, Rhythmik als immer vorhandene, aber regelmäßig in ihrem bloßen Funktionierenmüssen stillgestellte Bestandteile der Sprache, werden zu deren Bestand. Sprache entschichtet sich – diese Auffächerung bewirkt im Paradox des Gedichtes jene Verdichtung, die sein Name anzeigt. Das Gedicht besteht zugleich aus Sprache und Sprache der Sprache.

Die Sprache der Sprache ist das System der Zeichen, das die Sprachverwendung des Gedichts begleitet, durchzieht, bestimmt und durch sie bestimmt ist. Sie fußt in der Lyriktradition, im Gedichtsprechen und -lesen, in dem Wissen, was ein Gedicht »ist«. Sie ist kulturhistorisch determiniert. Ist die Fläche des kulturellen Wissens, auf der sich das Gedicht einträgt. Der performative Raum des Gedichtes, dem es sich selbst wiederum einschreibt und den es (durch sein Vorhandensein) verändert. Jede Verwendung eines Reimes, ebenso natürlich seine Nichtverwendung, jeder Zeilenbruch etc. finden allein in diesem Raum statt und erhalten in ihm eine Bedeutung.

Dieser Raum ist weder deutsch noch englisch noch spanisch, weder nur von heute noch von gestern, weder nur schriftlich fixiert allein nur mündlich, weder männlich noch weiblich, weder … noch. Könnte er europäisch sein? Oder, bescheidener, westeuropäisch? Vielleicht ließe sich das »europäische« Gedicht tatsächlich am ehesten hier vermuten – vielleicht sollte die Rede sein von einer »europäisch bestimmten Schreibfläche«, aus der das einzelne Gedicht herauswächst, auf der es tanzt (oder stolpert). Das »europäische« Gedicht dann also als sehr thetischer Begriff. Auch als trauriger. Als doch eher mickrige Fiktion. Denn so sieht die Einschreibfläche in der Wirklichkeit der Sprachen nicht aus. Welcher Dichter wird jemals nur »europäische« Gedichte, Romane, Geschichte, Bilder gelesen, nur europäischen Film gesehen, nur mit Europäern gesprochen haben? Wer nur darauf gezielt haben, ausschließlich für Europäer lesbar zu sein? Schon die Wortsprachen sind miteinander vielfältig und über Kontinentgrenzen hinaus verhakt; erst recht die Bild- und Mythenwelten, Comics und Techno, Mode, Microsoft, CNN und Rolling Stones. Angemessener schiene es, in bezug auf das »Europäische« von Gewichten und Präsenzen, Dominanzen und Fehlstellen zu sprechen – zu versuchen, sich der Lücken, die das eigene Wissen- und Verstehenkönnen hat, bewußt zu sein – und mit ihnen zu schreiben.

Vielleicht ist es mit dem Gedicht eher wie mit dem Ort, an dem ich mich aufhalte: ich bin in einem Zimmer. Das Zimmer liegt in meiner Wohnung, meine Wohnung liegt am Friedrichshain, der Friedrichshain liegt in Berlin, Berlin liegt in Deutschland, Deutschland liegt in Europa, Europa liegt auf der Nordhalbkugel, die Nordhalbkugel ist Teil der Welt, die Welt ist Teil der Milchstraße, die Milchstraße … etc. Europa steckt hier zwischen anderen, kleineren und größeren »Orten« wie eine Matrjoschkapuppe in der nächsten. Die Frage »welche der Matrjoschkas ist die wahre?« ist sinnlos. Auch die Frage: ist vielleicht die mittlere (europäische) Matrjoschka diejenige, die uns zum Verständnis der Gesamt-Matrjoschka führt, geht an dem, was die Matrjoschka ausmacht, vorbei. Sie besteht eben daraus, aus all diesen Matrjoschkas zu bestehen. Das Gedicht ist wie sie: viele ineinandergesteckte Puppen. Die Puppen sind die verschiedenen Sprachen und Codes, die in dem Gedicht und für es ineinanderspielen. Nehme ich eine Matrjoschka nach der anderen weg, so wird, was bleibt, immer kleiner, verschwindet ganz. Nur der ganze, von den Puppen umschlossene, geschichtete Raum und die Puppen (alle) bilden das Gedicht.

Das »europäische« Gedicht: eine nostalgische Idee? Die eine funktionierende, wenigstens relativ in sich geschlossene Kultureinheit voraussetzt? Anders gefragt: träumt die Suggestion, daß es das »europäische« Gedicht geben könnte, nicht davon, neue sinnstiftende Einheiten zu errichten, als das (dekonstruierte) Subjekt ersetzende, nun nicht mehr individuelle, sondern systemische Zentren (»Kultur- und Historienzusammenhang Europa«) der Bedeutungszähmung und Selbstversicherung?

In der Szene vom Sündenfall ist die Sprache jedes der beteiligten Dinge und Lebewesen: der Mensch, das Gras, der Baum der Erkenntnis, der Raum, in dem alles überhaupt stattfindet, das Gesetz dieses Raumes, seine Durchbrechung. Die Sprache des Gedichtes wäre die der Schlange. Sie züngelt.

Kathrin Schmidt

Wirtschaftsflüchtling Poesie

Tja, das wär mir ja nicht im Traum eingefallen, daß es jemandem einfallen könnte, die Frage nach dem »europäischen« Gedicht zu stellen. Sie auch mir zu stellen, nachdem eine Reihe kluger Leute dazu alles Denkbare gesagt hat. Darüber komme ich, mit Verlaub, sowieso nicht hinaus. Da aber gerade das Nichtübereinanderhinausgehenwollen der Dichter für mich das Interessanteste an der bisherigen Debatte war, mir somit genau jenen Raum aufzuschließen begann, in dem ich mir ein Gedicht (einen lyrischen Text) am liebsten vorstelle – eben im Gespräch der Produzenten, da bin ich einigermaßen skrupellos – mache ich mir doch so meine Gedanken. Es sind wohl durchaus Bezugsrahmen denkbar, in denen es sinnvoll sein kann, von einem »europäischen« Gedicht zu sprechen. Sie sind in der Debatte längst benannt, aber sie lassen mir die Möglichkeit eines »europäischen« Gedichts nicht weniger beliebig erscheinen. Weniger beliebig erscheint mir, daran zu erinnern, daß die Dinge nicht durch die Sprache zu mir kommen, sondern durch den alltäglichen Gebrauch. Weniger beliebig erscheint mir, daran zu erinnern, daß dichterische Verfahren historisch einem Verschleiß unterliegen und daß schließlich die Aufhebung der Traditionen der Weltpoesie Voraussetzung ist für ein Kommunizieren lyrischer Stimmen auf jeweils epochalem Niveau. Was bedeuten allein diese drei Punkte in bezug auf unsere Debatte?

Ein Kürbiskernbrot ist ein nicht ganz sinnfreier Luxus. Als es das geteilte Europa noch gab – ich könnte auch sagen: die längsgeteilte Welt – interessierte mich Kürbiskernbrot nicht, was ich aus heutiger Sicht für eine Dummheit halte, aber ich war sehr erfinderisch im Beschaffen jener Gedichtsammlungen, die man mir nicht auf dem Tablett der volkseigenen Druckindustrie und der HV-Verlage präsentierte und von denen ich eigentlich nichts hätte wissen müssen. Daß ich dennoch nach ihnen verlangte, sie suchte und fand, hat damit zu tun, daß Gedichte längst zum

Grundbedarf meiner Existenz gehörten, als das Kürbiskernbrot sich mir noch nicht in praktischem Sinne erschlossen hatte. Auch das chinesische Messer kann herhalten: Ich habe es immer zum Zerkleinern von Kohl und Gurken benutzt, nie habe ich ein Kaninchen damit abstechen müssen wie mein Cousin auf dem Dorf, und nie habe ich damit sehr wenig Brot für sehr viele Münder geteilt. Es sind noch ganz andere Arten des Gebrauchs für mein chinesisches Messer denkbar, ich belasse es bei diesen. Hätte ich keine Kinder, schnitte ich sehr viel weniger Gemüse oder ginge womöglich gleich ins Restaurant, als mir diese Mühe um mich selbst zu machen. Allein schon diese Bemerkungen beleuchten meinen Halt in der Welt, dessen Art ich mit vielen Menschen in- und außerhalb Europas teile und mit noch mehr Menschen vermutlich nicht. Mein Schreiben, erstens, definiert demnach sich weniger aus dem Gebrauch einer europäischen Sprache als zum Beispiel dem Alltag, den ich bewältige und der mir die Sicht auf die Welt bestimmt.

Daß ich mich selbst keiner Schule zuzurechnen bereit und in der Lage bin, heißt nicht, daß ich unter historischem Blickwinkel die Betrachtung von »Schulen«, die sich durch das Verfolgen eines bestimmten lyrischen Programms mehr oder weniger streng von anderen »Schulen« abgrenzen, für überflüssig halte. Vielmehr ist die Herausbildung von »Schulen« schon deshalb quasi eine Notwendigkeit, weil dichterische Verfahren dem Verschleiß unterliegen, zu ihrer höchsten Form allerdings erst durch ein gewisses Kontinuum der Übung auflaufen. Dem Rezipienten geht es da übrigens nicht viel anders als dem Produzenten. Übung aber erzeugt parallel zu spezifischer Sensibilität für die »Aufgabenstellung« auch Überdruß. Dieser Art von Verschleiß, zweitens, unterliegt »europäische« Lyrik nicht mehr und nicht weniger als jede anders gefaßte.

Der Einsatz der eigenen Leiblichkeit als Resonanzboden für Wahrgenommenes steht am ehesten als verbindendes Element zwischen den lyrischen Welt-Stimmen: Die Welt / das Äußere muß durch mich hindurch, ehe ich zu sprechen beginne, oder besser: während meine Sprache das durch meine Leiblichkeit gebrochene, veränderte Äußere wieder freigibt. Das geht, meine ich, der Dichterin in China wie der in Grönland oder in Papua-Neuguinea. Aber zurück nach Europa: Es gibt weite, großenteils östlich gelegene europäische Regionen – auch das ist längst gesagt in der Debatte –, in denen es beispielsweise aufgrund der herrschenden gesellschaftlichen Verhältnisse nicht möglich war, die zu europäischer Tradition so scheinbar weltmündig synonym verwandten Schübe der Renaissance, der humanistischen Aufklärung, der Klassik selbst hervorzubringen. Heißt das, die Russen sind keine Europäer im »eigentlichen« Sinne? Haben sie nichts zu bieten außer Pushkin, den vermeintlichen Langweiler, der aber – man möge mir glauben – Opfer irrender Übersetzer geworden ist? Dumm wär's gelaufen, freilich, wenn sie Shakespeare nicht hätten lesen können …

Will sagen: Es ist, drittens, ein ziemlich hoffnungsvoll stimmender Umstand, daß – in diesem Sinne – nicht alle Erfahrung selbst gemacht werden muß, sondern vermittelbar ist über eben die Sprache der Poesie und ohne den zweifelhaften Anspruch, umfassender Ersatz zu sein. Das Tröstlichste aber: Der Standort Europa, und jetzt benutze ich die nur mählich, vor allem unwillig ins Östliche sich weitende Bedeutung des Begriffs, der an den westöstlichen Wohlstandsgrenzen haltmacht, obwohl er die Teilung der Welt eher quer- als längsverlaufend dargestellt sehen will und Fremde als Wirtschaftsflüchtlinge deklassiert, bringt immer noch selbst Wirtschaftsflüchtlinge hervor, und zwar solche der einzigen mir vorstellbaren Sorte: Gedichte.

Günter Grass
Brief an den Herausgeber

Sehr geehrter Herr Leitner,

lange ist es her. In den 50er Jahren habe ich für Walter Höllerers »Akzente« mein subjektives Verständnis von Lyrik als Plädoyer für das »Gelegenheitsgedicht« zu Papier gebracht. Damals durchaus im Gegensatz zu seriell gefertigten Gedichten, die sich als experimentell ausgaben.

Bei mir ist es im Verlauf der Jahrzehnte bei Gelegenheitsgedichten geblieben, wenngleich bei sich immerfort wandelnder Gelegenheit. Nach drei selbständig veröffentlichten Gedichtbänden – »Die Vorzüge der Windhühner« – »Gleisdreieck« – »Ausgefragt« – sind späterhin Gedichte in versammelter Zahl in episch konzipierten Romanen dem Manuskript einverleibt worden – etwa in »Der Butt« und »Die Rättin«. Nichts Ungewöhnliches, schon die Barockautoren und später die Romantiker haben den nur künstlich konstruierten Gegensatz zwischen Prosa und Lyrik auf diese Weise aufgehoben. Hinzu kommt, daß das Entstehen von Gelegenheitsgedichten bei mir oft von zeichnerischen Entwürfen und auch graphischer Arbeit (Radierungen, Lithographien) begleitet gewesen ist. Das trifft sogar auf den 1993 erschienenen Sonettzyklus »Novemberland« zu.

Neuerdings, das heißt seit Abschluß meiner Arbeit an dem Roman »Ein weites Feld«, habe ich mich wiederum auf eine Technik konzentriert, die mir zuletzt in den 50er und 60er Jahren geläufig gewesen ist. Es entstanden Aquarelle, die nach einiger Zeit mit Kurzgedichten zu korrespondieren begannen. So ist im Verlauf des letzten Jahres ein Sammelband unter dem Titel »Fundsachen für Nichtleser« entstanden oder besser gesagt gelegentlich zustandegekommen, der im August dieses Jahres beim Steidl-Verlag als Buch erscheinen wird: 115 Aquarelle, denen Gedichte ablesbar sind, sozusagen »Aquadichte« – es liegt also leider nichts Unveröffentlichtes mehr in meinen Mappen und Schubladen, das ich Ihnen zusenden könnte. Auch könnte ich wenig zu Ihrer Frage »Gibt es das europäische Gedicht?« beitragen, zumal meine Kurzgedichte gleichermaßen von barocken Lyrikern wie Czepko, Logau, Silesius und vom japanischen Haiku angeregt worden sind.

Und zum Schluß freue ich mich, daß Ihre Zeitschrift DAS GEDICHT mit dem V.-O.-Stomps-Preis bedacht worden ist.

Freundliche Grüße
Ihr
Günter Grass

Hitliste der Jahrhundertlyriker
Was verbindet Gottfried Benn mit Ezra Pound?
Beide gelten als bedeutende Dichter des 20. Jahrhunderts.

Kurz vor der Jahrtausendwende lud die Redaktion dieser Zeitschrift über 50 Lyriker, Herausgeber, Literaturwissenschaftler und Übersetzer aus dem ganzen deutschen Sprachraum ein, ihr die Dichter zu benennen, deren Werke sie am meisten schätzten und denen sie das lebendigste Nachleben wünschten. Die Juroren konnten aus einer offenen Vorschlagsliste je 10 deutschsprachige und 10 fremdsprachige Dichter des 20. Jahrhunderts für die Plätze 1 bis 10 nominieren. Jeder Plazierung war ein Punktwert zugeordnet (Platz 1: 10 Punkte; Platz 2: 9 Punkte; Platz 3: 8 Punkte, usw.). Nach Auswertung der Fragebögen entstanden zwei Tabellen mit den wichtigsten deutschsprachigen und internationalen Dichtern des 20. Jahrhunderts (Plätze 1 bis 100). Die Juroren äußerten sich auch darüber, was sie sich von der Lyrik im neuen Jahrhundert erwarten und gaben Tips für junge Autoren. Nach dem Ranking kann nicht nur das dichterische Werk von Gottfried Benn und Ezra Pound in einem anderen Licht gesehen werden.

Die Jury
Henning Ahrens, Andreas Altmann, Friedrich Ani, Thomas Anz, Heinz Ludwig Arnold, Ulrich Johannes Beil, Hans Bender, Thomas Betz, Tobias Burghardt, Rudolf Bussmann, Iso Camartin, Manfred Chobot, Fritz Deppert, Roberto Di Bella, Nikolaus Dominik, Richard Dove, Ulrike Draesner, Peter Engel, Walter Flemmer, Wolfram Malte Fues, Robert Gernhardt, Dieter M. Gräf, Lutz Hagestedt, Rainer Hartmann, Markus Hediger, Guy Helminger, Gerhard Jaschke, Hanne F. Juritz, Thomas Kling, Matthias Koeppel, Michael Kohtes, Anise Koltz, Johannes Kühn, Karl A. Kühne, Axel Kutsch, Anton G. Leitner,

Michael Lentz, Kurt Marti, Friederike Mayröcker, Dieter P. Meier-Lenz, Friedrich Mülder, Jürgen Nendza, Gerhard Neumann, Margit Oberhammer, Oskar Pastior, Dirk von Petersdorff, Karl Riha, Joachim Sartorius, Rolf Schwendter, Lutz Seiler, Hans-Michael Speier, Enno Stahl, Hans-Ulrich Treichel, Raphael Urweider, Richard Wagner, Fritz Werf.

Liste der deutschsprachigen Jahrhundertdichter

	DichterIn	Punkte
1.	Benn, Gottfried	285
2.	Celan, Paul	231
3.	Brecht, Bertolt	220
4.	Rilke, Rainer Maria	203
5.	Trakl, Georg	164
6.	Bachmann, Ingeborg	116
7.	Jandl, Ernst	104
8.	Eich, Günter	101
9.	Mayröcker, Friederike	79
10.	Enzensberger, Hans Magnus	72
11.	Brinkmann, Rolf Dieter	70
12.	Artmann, H. C.	68
13.	Krolow, Karl	63
14.	Lasker-Schüler, Else	62
15.	Huchel, Peter	59
16.	Bobrowski, Johannes	51
17.	George, Stefan	49
18.	Pastior, Oskar	38
19.	Rühmkorf, Peter	37
20.	Becker, Jürgen	34

21.	Kirsch, Sarah	31
22.	Hoddis, Jakob van	31
23.	Priessnitz, Reinhard	29
24.	Kling, Thomas	29
25.	Arp, Hans	28
26.	Wühr, Paul	28
27.	Sachs, Nelly	27
28.	Schwitters, Kurt	26
29.	Heym, Georg	25
30.	Arendt, Erich	24
31.	Loerke, Oskar	23
32.	Aichinger, Ilse	23
33.	Thoor, Jesse	22
34.	Ausländer, Rose	20
35.	Domin, Hilde	19
36.	Gernhardt, Robert	19
37.	Morgenstern, Christian	17
38.	Fried, Erich	16
39.	Holz, Arno	16
40.	Schrott, Raoul	15
41.	Grünbein, Durs	15
42.	Heißenbüttel, Helmut	14
43.	Kirsten, Wulf	14
44.	Lehmann, Wilhelm	14
45.	Born, Nicolas	14
46.	Okopenko, Andreas	13
47.	Kaser, Norbert C.	13
48.	Lavant, Christine	13
49.	Meckel, Christoph	12
50.	Herbeck, Ernst	11
51.	Kramer, Theodor	11
52.	Däubler, Theodor	10
53.	Stramm, August	10

54.	Tucholsky, Kurt	9
55.	Krüger, Michael	9
56.	Kolmar, Gertrud	9
57.	Zürn, Unica	8
58.	Pock, Rosa	8
59.	Schüwer, Hermann	8
60.	Hofmannsthal, Hugo v.	8
61.	Kunze, Reiner	8
62.	Ball, Hugo	7
63.	Burkart, Erika	7
64.	Valentin, Karl	7
65.	Meister, Ernst	7
66.	Biermann, Wolf	7
67.	Falkner, Gerhard	7
68.	Klabund	7
69.	Kobus, Nicolai	6
70.	Scheerbart, Paul	6
71.	Piontek, Heinz	6
72.	Walser, Robert	6
73.	Loidl, Christian	6
74.	Gan, Peter	6
75.	Bernstein, F. W.	6
76.	Goll, Yvan	6
77.	Kaschnitz, Marie Luise	5
78.	Lichtenstein, Alfred	5
79.	Mühsam, Erich	5
80.	Henniger, Gerd	5
81.	Bollinger, Thomas	4
82.	Kolbe, Uwe	4
83.	Meier-Lenz, Dieter P.	4
84.	Marti, Kurt	4
85.	Mach, Edmund	4
86.	Wondratschek, Wolf	4

87.	Roth, Eugen	4
88.	Klee, Paul	4
89.	Hausmann, Raoul	4
90.	Bossert, Rolf	4
91.	Papenfuß-Gorek, Bert	4
92.	Neumann, Gerhard	3
93.	Mon, Franz	3
94.	Nebel, Otto	3
95.	Waterhouse, Peter	3
96.	Rühm, Gerhard	3
97.	Hahn, Ulla	2
98.	Wolfskehl, Karl	2
99.	Czernin, Franz Josef	2
100.	Brambach, Rainer	2

Bei Punktgleichheit entschied das Los über die Plazierung.

Liste der internationalen Jahrhundertdichter

	DichterIn	Punkte
1.	Pound, Ezra	134
2.	Apollinaire, Guillaume	114
3.	Mandel'štam, Osip	111
4.	Christensen, Inger	110
5.	Ungaretti, Giuseppe	103
6.	Neruda, Pablo	98
7.	Williams, William Carlos	97
8.	Achmatova, Anna	85
9.	Heaney, Seamus	78
10.	Eliot, Thomas Stearns	78

11.	Majakovskij, Vladimir	70
12.	Kavafis, Konstantinos	69
13.	Ginsberg, Allen	68
14.	Montale, Eugenio	61
15.	Stein, Gertrude	52
16.	Char, René	50
17.	Creeley, Robert	46
18.	Pessoa, Fernando	45
19.	Auden, Wystan Hugh	43
20.	Saint-John Perse	43
21.	Tranströmer, Tomas	41
22.	Stevens, Wallace	40
23.	Thomas, Dylan	39
24.	Alberti, Rafael	38
25.	Ajgi, Gennadij	37
26.	Skácel, Jan	34
27.	Ashbery, John	34
28.	Paz, Octavio	34
29.	Chlebnikov, Velimir	33
30.	García Lorca, Federico	32
31.	Plath, Sylvia	32
32.	Zanzotto, Andrea	29
33.	Murray, Les	27
34.	Ritsos, Jannis	25
35.	Brodsky, Joseph	23
36.	Naum, Gellu	23
37.	Szymborska, Wisława	21
38.	Yeats, William Butler	21
39.	Dylan, Bob	20
40.	Queneau, Raymond	19
41.	Jessenin, Sergej A.	18
42.	Jiménez, Juan Ramón	18
43.	Borges, Jorge Luis	18

44.	Cendrars, Blaise	17
45.	Simic, Charles	17
46.	Walcott, Derek	16
47.	Brautigan, Richard	16
48.	Seferis, Giorgos	15
49.	Gustafsson, Lars	15
50.	Marinetti, Filippo T.	15
51.	Zwetajewa, Marina	14
52.	Tzara, Tristan	13
53.	Arp, Hans	13
54.	Pavese, Cesare	11
55.	Garnier, Pierre	11
56.	Schéhadé, Georges	10
57.	Thomas, Ronald Stuart	10
58.	Juarroz, Roberto	10
59.	Goytisolo, Juan	10
60.	Brecht, Bertolt	10
61.	Cummings, Edward Estlin	10
62.	Déguy, Michel	9
63.	Porchia, Antonio	9
64.	Atxaga, Bernado	9
65.	Olson, Charles	9
66.	Giorno, John	9
67.	Larkin, Philip	9
68.	Greenlaw, Lavinia	9
69.	Hamburger, Michael	8
70.	Ponge, Francis	8
71.	Celan, Paul	8
72.	Pizarnik, Alejandra	8
73.	Brines, Francisco	8
74.	Schwitters, Kurt	8
75.	Aleixandre, Vicente	8
76.	Dao, Bei	7

77.	Panero, Leopoldo María	7
78.	Krolow, Karl	7
79.	Meireles, Cecília	7
80.	Benn, Gottfried	7
81.	Artaud, Antonin	7
82.	Valéry, Paul	7
83.	Trotter, Tariq	7
84.	Hill, Geoffrey William	7
85.	Belli, Gioconda	7
86.	O'Hara, Frank	7
87.	Fried, Erich	7
88.	Kozioł, Urszula	6
89.	Orozco, Olga	6
90.	Hughes, Ted	6
91.	Breton, André	6
92.	Júdice, Nuno	6
93.	Miłosz, Czesław	6
94.	Rilke, Rainer Maria	6
95.	Penna, Sandro	6
96.	Jeffers, Robinson	6
97.	Gravereaux, Fabrice	6
98.	de Mello Breyner Andresen, Sophia	5
99.	Éluard, Paul	5
100.	Lance, Alain	5

Bei Punktgleichheit entschied das Los über die Plazierung.

Ulrich Johannes Beil
Der Andere Parnass
Resümee zu einer Umfrage

Tagtäglich treffen Redakteure, Lektoren, Juroren und Verleger Entscheidungen, die zu einer allgemeingültigen, dauerhaften Auswahl (Kanon) im Bereich der Literatur beitragen: Veröffentlichen wir diesen oder jenen Autor, nehmen wir diese oder jene Lyrikerin in unsere Kolumne, Anthologie, unsere Kandidatenrunde, unsere Rezensions- oder Empfehlungsliste auf? Es scheint aber heute opportun, auf die Frage nach dem Kanon abzuwinken und zur Tagesordnung überzugehen. Man stellt diese Frage lieber nicht, weil man sich hier quasi auf ›geheiligtes Terrain‹ begibt.

Der Kanon, die Wertung, die imaginären, kurzfristig zementierten und wieder revidierten Ranglisten, die flottierenden Wertungsskalen, diese heimliche Börse – Georg Franck spricht vom »Kapital« der »Aufmerksamkeit« – sind der blinde Fleck im alltäglichen Treiben des Literaturbetriebs: das tabuisierte Zentrum des Geschehens, jener von Slavoj Žižek so genannte subversive, transideologische Kern, der auf keinen Fall diskursiviert werden darf. Handelt es sich nicht um kryptische Kanonbildung, wenn ohne Angabe von Gründen entschieden wird, wen man wie lange bespricht, wen man an welcher Stelle mit wie vielen Zeilen abdruckt, wen man in einer Sendung wie dem »Literarischen Quartett« diskutiert und wen nicht?

Die Allgegenwart der Kanonbildung und ihrer Verschleierung verlockte uns (als erstes unser Redaktionsmitglied Axel Kutsch) dazu, eine denkbar heterogene Gruppe aus Dichtern, Kritikern, Literaturwissenschaftlern, Übersetzern, Herausgebern und (Klein-)Verlegern anzuschreiben und danach zu fragen, welche zehn LyrikerInnen dieses Jahrhunderts – zum einen auf deutschsprachiger, zum anderen auf internationaler Seite – »Sie selbst am liebsten lesen« und für welche »Sie das lebendigste literarische Nachleben erhoffen«. Zugleich muteten wir den Angesprochenen zu, sich jeweils namentlich auf eine Reihenfolge (1-10) festzulegen, wobei Nr. 1 zehn Punkten, Nr. 2 neun Punkten (usf.) entsprach, so daß insgesamt pro Liste 55 Punkte zu vergeben waren. Zur Orientierung boten wir eine offene Vorschlagsliste von ca. je 25 Autorennamen an.

Das Erstaunliche am Rücklauf waren nun nicht die Ablehnungen; denn daß es den meisten eine gewisse Pein bereiten würde, die eigenen Lieblingsautoren in unsere Zehnerschablone zu zwängen, ja, sie darüber hinaus auch noch je nach Wertschätzung zu staffeln, lag von Anfang an auf der Hand. Auch, daß die Vorliebe für »Hitlisten« (U. Krechel) oder einen literarischen »Ziellauf« (R. Kunze) unter LyrikerInnen nicht eben weit verbreitet sein dürfte. Nichtsdestotrotz gilt: »Erfahrungsgemäß werden Hitlisten auch im Bereich der Literatur neugierig gelesen – sogar von Leuten, die nichts von Hitlisten halten« (Axel Kutsch). Was erstaunte, war vielmehr die große Zahl derer, die sich an der Umfrage beteiligten und die Gewissensnöte aus freien Stücken auf sich nahmen. Insgesamt 56 Juroren reichten den Fragebogen zurück, darunter AutorInnen wie Ulrike Draesner, Robert Gernhardt, Thomas Kling, Kurt Marti, Oskar Pastior, Joachim Sartorius und Friederike Mayröcker, aber auch Literaturwissenschaftler wie Thomas Anz und Karl Riha, Kritiker wie Lutz Hagestedt, Verleger wie Fritz Werf, Editoren wie Heinz Ludwig Arnold.

Worum ging es? Jedenfalls nicht um das übliche, bildungsbürgerlich-distanzierte Kanon-Rating, wie es – einer Mitteilung von F. P. Ingold zufolge – vor kurzem in Rußland stattfand: in einer Telefonumfrage suchte das Meinungsforschungsinstitut Mnenije nach dem »größten russischen Dichter« aller Zeiten (wen wundert's, daß Schulbuchklassiker Puschkin mit 75,6 Prozent das Rennen machte?). Uns leitete kein pädagogischer, kulturkonservativer Impetus, wir suchten nicht nach dem Wertvollen, Unvergänglichen, nach einem letzten Bollwerk gegen die Medienflut, am wenigsten nach Vorschlägen für das Jüngste Gericht der Literaturgeschichte. Die Frage zielte – schärfer, rücksichtsloser – nach den »ganz persönlichen, subjektiven Vorlieben«, sie richtete sich an passionierte LeserInnen und appellierte an ihren Spieltrieb. Jeder sollte sich gleichsam selber testen: Welche/r Lyriker/in fällt mir als erste/r ein (welche/r als zweite/r, dritte/r)? Sind dies wirklich meine, die von mir immer wieder gelesenen AutorInnen oder lehne ich mich halb unbewußt an das an, was meine Schulbildung von mir erwartet? Welche/n Autor/in würde ich an erster (fünfter, neunter) Stelle mit auf die berühmte Insel nehmen? Nicht um Bestätigung des Erwartbaren ging es, sondern um den je eigenen Kanon von LeserInnen, die auch schreiben, also auch selbst ›gelesene‹ (zum Teil ›auserlesene‹) sind. Und diese höchst subjektiven *canones*, die ohne die Last irgendeiner Verantwortung – außer der jedes Teilnehmers sich selbst gegenüber – zustande kamen, wurden von uns hochgerechnet. Die subjektiven ›Ungerechtigkeiten‹ wurden in die – vom Statistiker fromm erhoffte – ›Gerechtigkeit‹ des Allgemeinen und (wie auch immer) Repräsentativen überführt.

Sehen wir uns die Listen gleich einmal an, zunächst die mit den deutschsprachigen AutorInnen. Auf den ersten Blick scheinen die zehn Favoriten kaum von den literarischen Denkmälern abzuweichen, mit denen man uns – von den späten 60er bis in die 80er Jahre – im Gymnasium traktierte. Es fällt auf, daß sich die Spitzengruppe fast ausschließlich aus Autoren der ersten Jahrhunderthälfte zusammensetzt. Ab Platz sechs folgt dann jedoch nahtlos eine Reihe von Dichterinnen und Dichtern, deren Werke hauptsächlich nach dem Ende des Zweiten Weltkriegs entstanden sind. Keinen Rang unter den Top 20 konnten Angehörige der jüngeren Generation erreichen. Stattliche 285 Punkte für Gottfried Benn auf Platz 1, dem auf Platz 2 mit respektvollem Abstand Paul Celan (mit 231 Punkten) folgt: Hätte es anders ausgehen können? »Die schönsten Verse der Menschen«, schrieb weiland der auf Platz 19 gelangte Peter Rühmkorf, »nun finden Sie schon einen Reim! – / sind die Gottfried Bennschen«. Nichts Überraschendes also, nur das Erwartbare – das Echo der Lesebücher und Curricula noch bei denen, die denkbar weit über ihre Lehr- und Wanderjahre hinausgewachsen sind? Bei genauerem Hinsehen läßt auch eine solche Tabelle sich lesen, deuten wie ein allzu konkret geratenes Gedicht. Benn auf Platz 1: auf den zweiten Blick ein untrügliches Zeichen für das endgültige Ende der 68er Ära, auch die Tatsache, daß Celan sich, wenn auch knapp, vor das Monument Brecht schiebt und zusammen mit Benn ein in der Tat beeindruckendes (weil spannungsreiches) Dioskurenpaar bildet. Marcel Reich-Ranickis »Frankfurter Anthologie« ergibt noch ein ganz anderes Bild: Da beherrscht Brecht (mit 56 Interpretationen) noch unumstritten die Lyrikszene des 20. Jahrhunderts, mit geradezu beängstigendem Vorsprung vor Benn (29) und Celan (18). Und Platz 4 für Rilke? Hätte man ihn nicht vor wenigen Jahren noch auf die hinteren Ränge verwiesen? Bei Ingeborg Bachmann (6.) mag man sich fragen, ob sie nun unbedingt vor Brinkmann und ganze Meilen vor Lasker-Schüler, Nelly Sachs, Rose Ausländer rangieren muß, aber das ist nun einmal so. Ungerechtigkeit gehört nicht nur zu den typischen Eigenschaften von Statistiken, sondern ist die conditio sine qua non ihrer Existenz. Von nun an darf man sich doch ein wenig wundern: Denn mit Platz 7 für Ernst Jandl und insbesondere Platz 9 für Friederike Mayröcker – Harald Hartung hatte in den rund 500 Seiten seiner »Jahrhundertgedächtnis«-Blütenlese von 1998 gerade mal eine halbe Seite für sie übrig – wird das Aufbegehren gegen einen Kanon der Bewahrung und des verborgenen Sinns spürbar, eine Bewegung hin zu Experimenten mit der Materialität der Sprache, wie wir sie heute von Thomas Kling (24.), Michael Lentz und anderen kennen. Wenn für Günter Eich (8.) zwischen Jandl (7.) und Mayröcker (9.) eine Nische offenstand, so suggeriert dies zudem, daß auch dieser Dichter, dieser subtile Rebell, sich nach wie vor nicht mit einer Lesebuchexistenz abzufinden bereit ist. Mit Enzensberger (10.) kriegt die Statistik dann wieder die Kurve zur ›ernsthaften Lyrik‹: Enzensberger auf Platz 10, noch vor Brinkmann, Krolow, Huchel, George. Man darf diesem Autor gratulieren, sich aber zugleich die Frage erlauben, ob es wirklich nur der Lyriker ist, der die Lorbeeren erhält – und nicht auch der brillante Essayist und Intellektuelle, der uns durch die Nachkriegsrepublik begleitet hat. Brinkmann gelang es also (leider) nicht, unter die ersten zehn zu kommen, auch Krolow nicht (der vielleicht allzu sehr von seinem Alterswerk her beurteilt wird) wie so vielen anderen; wobei kaum zu übersehen ist, daß Raoul Schrott (40.) und Durs Grünbein (41.), vor allem aber Thomas Kling (24.), sofern man das jugendliche Alter dieser Dichter in Betracht zieht, ausgezeichnet abschneiden. Auch Oskar Pastior (18.), Peter Rühmkorf (19.) und Jürgen Becker (20.) haben angesichts der (für Literaturhistoriker verdächtigen) Tatsache, daß sie sich noch guter Gesundheit erfreuen, hervorragende Karten. Aber spekulieren wir an dieser Stelle nicht weiter, auch nicht darüber, ob sich der zwischen Hans Arp (25.) und Nelly Sachs (27.) gezwängte Paul Wühr (auf Platz 26) so recht wohlfühlen wird, Ilse Aichinger auf Platz 32, der sonst so vielbeachtete Michael Krüger auf Platz 55 (immerhin zwischen Tucholsky und Kolmar), oder ob Christine Lavant es verdient hat, weit hinter Robert Gernhardt (36.) und Erich Fried (38.) eine »ferner liefen«-Existenz zu führen (48.). Von Reiner Kunze (61.), Heinz Piontek (71.) und Ulla Hahn (97.) gar nicht zu reden.

Wenn wir nun einen Blick auf die internationale Liste werfen, so fällt zunächst die große Scheu auf, deutsche AutorInnen auch an dieser Parade mitwirken zu lassen. Den ersten deutschen Lyriker (Hans Arp) verschlug es, es ist kaum zu glauben, auf den Hintertreppenplatz 53. Offensichtlich dachten viele Juroren, die internationale Liste habe mit der nationalen nichts zu schaffen, und die deutschsprachigen AutorInnen seien bereits auf der entsprechenden Tabelle gebührend berücksichtigt worden. Seltsam dennoch (und ein bedenkliches Zeichen für das literarische Selbstbewußtsein). Daß Ezra Pound auserkoren wurde, als Präses des internationalen Parnaß Gottfried Benn die Hand zu reichen, wundert hingegen nicht. Ebensowenig der dritte Platz für Mandel'štam, angesichts der hohen Wertschätzung Celans im Inland. Mutig, ja verwegen erscheint, verglichen mit dem Alterspegel der deutschsprachigen TOP 10, der vierte Platz für die in der Tat faszinierende Dänin Inger Christensen, eine quicklebendige Schriftstellerin, die noch vor wenigen Jahren nur Eingeweihten (den Abonnenten des Kleinheinrich-Verlags) bekannt war und nun sogar Ungaretti (5.), Williams (7.), Eliot (10.) und so viele andere überrundet. Nebenbei bemerkt: Die niederschmetternde ›Frauenquote‹ (4 Frauen zu 16 Männern; wohl nur noch übertroffen von den Zuständen im Bereich des Orchesterdirigententums oder des katholischen Klerus) spiegelt sich in beiden Listen geradezu achsensymmetrisch. Daß die Poesie aus dem angelsächsischen Sprachraum, insbesondere Amerika, stark unter den ersten 20 vertreten sein würde, lag dagegen wieder nahe – wohl nicht zuletzt deshalb, weil in allen diesen Fällen das in der Lyrik so unersetzliche Original mühelos zu Rate gezogen werden kann. T. S. Eliot, der übrigens 1927 zu seiner amerikanischen auch die britische Staatsbürgerschaft annahm, kam erwartungsgemäß mit Pound (1.) unter die ersten zehn (10.). Erstaunlich aber, daß Ginsberg (13.), Stein (15.) und Creeley (17.) so deutlich vor Stevens (22.) und Ashbery (27.) zu stehen kommen. Die Nicht-Kenntnis bzw. Unterschätzung der letzten beiden wirft ein eigentümliches Licht auf die deutsche Szene; in Joachim Sartorius' kürzlich erschienenem Sammelband »Minima Poetica« (einem Buch, in dem sich die Crème de la Crème der internationalen DichterInnen zu ihrer Poetologie äußert) war etwa Stevens der meistbeanspruchte Autor des vom Herausgeber erbetenen Lieblingsgedichts. Kaum zu erwarten war im übrigen auch die verhältnismäßig starke Präsenz russischer AutorInnen unter den ersten 20: nach Mandel'štam (3.) folgen Anna Achmatowa (8.) und Vladimir Majakovskij (11.). Was nun die innereuropäischen Gewichtungen betrifft, so können Frankreich (vertreten mit Apollinaire [2.] und René Char auf Platz 16) und Italien (vertreten mit Ungaretti [5.] und Montale [14.], aber ohne den großen Zanzotto – lediglich Platz 32) noch halbwegs zufrieden sein, ebenso Irland, das mit Seamus Heaney (9.) noch einen Lebenden unter die Unsterblichen zu mischen vermochte. Portugal schaffte mit Pessoa (18.) den Sprung in die Gala der ersten 20 gerade noch, ebenso Griechenland mit (dem in jüngster Zeit auch in Deutschland sorgfältig betreuten) Kavafis (12.). Läßt man T. S. Eliots doppelte Staatsbürgerschaft außer acht, belegt Großbritannien mit W. H. Auden, der längere Zeit in den USA lebte, lediglich den 19. Platz, von R. S. Thomas (57.) und L. Greenlaw (68.) ganz zu schweigen. Spanien (mit Alberti auf Platz 24 und García Lorca, Platz 30) wurde in die Regionalliga abgedrängt, während Tschechien (trotz J. Seifert und V. Holan), Polen (trotz A. Zagajewski und W. Szymborska auf Platz 37),

Ungarn (trotz J. Pilinszky) oder Rumänien (trotz M. Dinescu) gar nicht zu existieren scheinen. Klammern wir uns trotz vielfacher Kritik vor allem aus der amerikanischen Postkolonialismus-Diskussion (Said, Fiedler, Bhabha) nach wie vor an das, was Harold Bloom rückwärtsgewandt-offensiv den »Western Canon« genannt hat? Diese Frage muß (leider) mit einem kaum verzögerten, nur geringfügig gedehnten »Ja« beantwortet werden. Zwar entdeckt man den Chilenen Pablo Neruda auf Platz 6 – und er hat sie alle zu vertreten, die wir lieben, die Borges (43.) und Paz (28.), Cardenal (141.) und Gullar, Ak'abal (116.) und Cabral de Melo Neto. Aber man kann nicht sicher sein, ob es sich hierbei nur um das Feigenblatt notorischer Eurozentriker handelt oder um das Signal einer Öffnung. Immerhin ein Lateinamerikaner, mag man erleichtert feststellen – aber ganze Kontinente wie Asien, Afrika oder Australien scheinen weiße Flecken auf dem poetischen Globus geblieben zu sein. Dabei hätte man doch beispielsweise gegenüber dem Genie von Les Murray (Australien, 33.) die gleiche Courage walten lassen können wie gegenüber dem von Inger Christensen (4.).

Nun zum zweiten Teil unserer Umfrage. Wir formulierten folgendermaßen: »Was erwarten Sie sich von der Lyrik nach der Jahrtausendwende? Wie müßten die Gedichte in etwa aussehen, die Sie selber gerne lesen würden und denen Sie viele Leser wünschen?« »Wenn sich das ›einfach so‹ sagen ließe«, stöhnt Ulrike Draesner, und es bietet sich, wie so oft, zuallererst an, die Frage in Frage zu stellen. Das liest sich dann so: »Von einer Lyrik, an die sich konkrete Erwartungen knüpfen lassen, ist nichts zu erwarten« (Michael Kohtes). Oder so, mit einer an Canetti erinnernden Paradoxie: »Gedichte, die ich nicht erwarte« (Dieter M. Gräf). Oder schlicht und einfach so: »Ich lasse mich überraschen« (Friedrich Ani). Wer wollte auch Gedichten und ihren AutorInnen Vorschriften machen, gar sagen, wo es langgehen soll? Gedichte gehören schließlich zu jenen Ereignissen des gesellschaftlichen Lebens, die sich am wenigsten vorhersagen lassen, kaum merklichen Erdbeben vergleichbar, die nur ein Tier mit seinen Sinnen zu wittern vermag. Dennoch, darauf läßt das Ergebnis der Umfrage schließen, kann man, sofern man sich dazu bereit findet, Tendenzen angeben; man kann – verhalten-utopisch, unbeholfen-abstrakt – andeuten, wovon man sich gerne elektrisieren lassen würde – auch wenn es dann, wie beim Flirt, nicht eben selten vorkommen soll, daß gerade bei der Frau (dem Mann), die (der) nicht ›mein Typ‹ ist, das Herz zu flattern beginnt.

Worauf warten wir also? Auf »engagierte« Gedichte, sagt Henning Ahrens, »spielerisch, formal einfallsreich, nicht zu hermetisch und auch nicht zu schlicht«, fügt Thomas Anz hinzu; zudem, meint Iso Camartin, sollten sie »sprachlich suggestiv, für den Kopf unerwartet« sein, zugleich »dicht, straff, geschmeidig, vibrierend« (Wilhelm Deinert), offen für »neue Formen, neue Perspektiven der Freiheit« (Kurt Marti), für »starke, einfache, atavistische Empfindungen« (Joachim Sartorius) und nicht zuletzt »politisch wachsam« (Fritz Deppert), »skeptisch« (Peter Engel), ja, »anarchistisch« (Hanne F. Juritz). Da und dort artikuliert sich darüber hinaus ein gewisses Unbehagen an bloßer »Wortakrobatik« (Dieter P. Meier-Lenz), »Wortspielereien« (Anise Koltz), an »Nabelschau« (Walter Flemmer) und »Heulsusigkeit« (Dirk v. Petersdorff). Denn: »Das ›entgötterte‹ Leben (Schiller)« werde, Richard Dove zufolge, »trotz Internet, Intranets, Metanets und sonstiger Reticula immer banaler«; umso mehr werde es künftig darauf ankommen, »dem Banalen sein Geheimnis zu entlocken«. Das Gedicht solle, so das Plädoyer von G. Helminger, wieder »auf Welt gehen«, »die Fäden, die Verknüpfungen, das Gewebe« aufzeigen. Das heißt auf der einen Seite: Das Gedicht wird als eine Art Last-Minute-Ticket in Richtung Transzendenz und Geheimnis verstanden – etwa wenn es, wie bei Gerhard Neumann, von seinem Autor die »Bemühung« verlangt, den »Abdruck der hiesigen Dinge zu entziffern und in Formulierungen zu bannen, die zugleich aus jener Richtung beschienen werden, in der das Unausdenkbare wohnt«. Auf der anderen Seite verbünden sich die klassisch-poetischen Analogien (die Foucaultschen »similitudes«) gerade mit jenen anderen ›Nets‹, die nur dazu aufgespannt scheinen, das Mysterium auszusieben: »Multimedia [...] und Internet werden sich medienadäquat als genuine Ausdrucksformen auch für ›Lyrik‹ etablieren«, so das Votum von Michael Lentz, dem Gedichte »als unverbrauchte audiovisuelle bzw. gedankliche […] Irritationsexperimente« vorschweben, eine Art »radikalreduktionistische Poesie«. Zwischen den mythisch-hermetischen und den medialen ›correspondances‹, der Gratwanderung in der Nähe des Unaussprechlichen und dem Surfen auf dem globalen Kommunikationsmeer tut sich demzufolge ein vibrierendes Spannungsfeld auf, das sich im Beitrag von Hans-Ulrich Treichel (»Musikalität und Zeitgenossenschaft«) und Enno Stahl (»fragmentiert, zersplittert, aber auch trashig«) andeutet, am einprägsamsten aber bei Friederike Mayröcker zum Ausdruck kommt: »sensibel und drastisch / offen und geheimnisvoll / feingliedrig und muskulös / hart und zart«. Raphael Urweider wird demgegenüber verhältnismäßig konkret – wünscht er sich doch weiterhin etwas von dem, »was ihn bei älteren Kollegen am meisten beeindruckt hat: »Artmanns Artistik, Schrotts Klarsicht, Pastiors Humor, Christensens langer Atem, Klings Klanggesang, Brautigans Medizin, Greenlaws Lächeln, Ginsbergs Nacktheit, Creeleys Schielen, Gomez de la Sernaz' leises Schreien, Rühms Architektur […].« Alles in allem macht sich in diesen Statements doch eine erstaunliche Zuversicht, ein Knistern, eine Neugier bemerkbar, die die unausrottbare Rede vom Ende der Literatur oder vom allmählichen Verschwinden der Poesie Lügen straft. Angesichts dessen spricht einiges dafür, daß Joachim Sartorius mit seiner Vermutung recht behalten wird: »Die Lyrik hat nach der Jahrtausendwende eine Chance.« Selbst wenn sie keine hätte – man müßte sie nutzen.

Eine beinahe noch größere Zumutung an die ›Juroren‹ stellte der dritte Punkt unserer Umfrage dar: »Was würden Sie jemandem sagen«, hieß es da, »der gerade ernsthaft beginnt, Gedichte zu schreiben?« Scheint es doch, als bewege man sich hier im bildungsbürgerlich-gymnasialen Bezirk des Schulterklopfens und der guten Ratschläge, die notorisch nicht befolgt werden oder, wo doch, wenig nützen. Zugleich aber spiegelt sich in dieser Frage auch etwas von jener Einsamkeit, der der Schreibende, mit dem Schreiben Beginnende sich ausgesetzt sieht, und die heute, trotz und wegen der allgegenwärtigen Kommunikation, geradezu Pascalsche Ausmaße anzunehmen droht, sobald jemand allein in einem Zimmer sitzt. Auch wenn derjenige, der sich ins Gedichteschreiben einübt, sich in eine Art von säkularer Klosterzelle zurückzieht und die Kommunikationsströme freiwillig unterbricht, so hört er doch dem Erfahrenen (den Meistern, wie es einst hieß) gerne zu, um den eigenen Weg wirklich gehen zu können. Probleme machte vielen schon das »ernsthaft« in unserer Frage. »Er soll's nicht so ernst nehmen«, rät daher Lutz Hagestedt, und Gerhard Jaschke doziert: »Wer ›ernsthaft‹ beginnt, ist schon zum Scheitern verurteilt.« Das heißt freilich keineswegs, daß man sich von Lust und Laune leiten lassen sollte. Man sollte es ganz im Gegenteil nur tun, »wenn es wirklich sein muß« (Iso Camartin), und zwar möglichst, ohne »einer Mode zu folgen« (Anise Koltz) oder sich »selbst (zu) betrügen« (Henning Ahrens). Denn Schreiben bedeutet, Markus Hediger zufolge, »arbeiten, sich gedulden, abwarten, wieder arbeiten an der Sprache, ruhen lassen, lange in sich tragen [...]«. Insbesondere gilt es, das »Handwerk« (Margit Oberhammer), die »Spielregeln« (Thomas Anz) zu erlernen, sich mit »Verslehre«, mit »poetisch-poetologischer Tradition« (Jürgen Nendza) vertraut zu machen – und sich zugleich, wie Oskar Pastior anmerkt, »an die seriöse alte Rechtschreibung« zu halten (»auch dort, wo Sie bewußt dagegen verstoßen«). Vor allem aber ist es, nach der nahezu einhelligen Auffassung der Umfrage-Teilnehmer, unabdingbar, das »Studium der klassischen Gedichtformen« zu betreiben (Matthias Koeppel), »Wörterbücher« zu wälzen (Michael Lentz), sich intensiv mit der »Lyrik« vergangener »Zeitalter« und mit »zeitgenössische(n) Gedichte(n)« (Friedrich Mülder) zu beschäftigen, mit anderen Worten: zu »LESEN«, zu »LESEN«, zu »LESEN«, wie Manfred Chobot den Jüngeren schulmeisterlich zuruft. Ähnlich heißt es bei Friederike Mayröcker (und sinngemäß bei vielen anderen): »Sie müssen lesen, Tag und Nacht: beste Literatur, nicht nur Lyrik.« Erst dann läßt sich der Ratschlag von Johannes Kühn befolgen: »Vergleichen Sie Ihre Gedichte mit denen großer Autoren! Aber erschrecken Sie nicht, und geben Sie nicht gleich auf!« Einzig Gerhard Neumann weigert sich, in diesen Chor mit einzustimmen: »Während eigener Schreibphasen so wenig Gedichte wie möglich von anderen Lyrikern zu lesen«, legt er den Jungen ketzerisch ans Herz. »Am besten überhaupt keine.« Neben ausgewachsenen Ratschlägen, die schon zum Mini-Essay tendieren, finden sich aber auch Parolen im Visitenkartenformat, die den Vorteil haben, sich leicht einzuprägen. Hört also genau hin, potentielle Nobelpreisträger des 21. Jahrhunderts! Ich ordne die Sprüche, der Koran sei Vorbild, der Länge nach: »Was du nicht willst, das man dir tu, das füg auch keinem Andern zu – verstandewu?« (Karl Riha). »Schreib bemerkenswerte Gedichte, was auch meint, daß ich sie mir gerne merke« (Robert Gernhardt). »Gib Dir Mühe und glaube nicht, davon leben zu können« (Rolf Schwendter). »Weitermachen! Der Durchbruch kommt mit 70!« (Dieter P. Meier-Lenz). »Tanzen, sehen, sprechen, berühren, erobern« (Joachim Sartorius). »Laß Deine Gedichte Geduld mit Dir haben« (Andreas Altmann). »Kommen Sie nach Weßling!« (Roberto Di Bella). »Trink nicht zuviel!« (Guy Helminger). »Schreib für Dich!« (Richard Wagner). »Don't cry – work!« (Michael Kohtes). »Lies und schreib!« (Friedrich Ani). »Wozu?« (Enno Stahl).

Ulrich J. Beil
Lässt sich über Lyrik streiten?
Ein Thesenpapier als offener Brief

Ja, ja, ich weiß: »Birds don't make good ornithologists« (Barnett Newman). Aber: »*Poetry is the subject of the poem, / From this the poem issues and / / To this returns*« (Wallace Stevens). Machen wir uns also Mut, mit Hilde Domin zum Beispiel: »Die entscheidenden Neuformulierungen über den Schaffensprozeß, die Lyriktheorie dieses Jahrhunderts ist durchweg den Lyrikern selbst verdankt.« Da mag Günter Eich noch so oft seinen Satz »Jedes neue Gedicht verändert die Theorien« dazwischenmurmeln. Wir fragen jetzt die Dichter selbst.

Hand aufs Lyrikerherz: Läßt sich über das Machen von Gedichten noch streiten? Und wenn ja, so wäre mit Kishon weiterzufragen, warum nicht? Warum haben all die poetologischen Debatten, ob sie nun von den antiken Neoterikern, den französischen Antipetrarkisten der Renaissance, den Frühromantikern, der symbolistischen Avantgarde oder den »Konkreten Poeten« angezettelt wurden, etwas so hoffnungslos Nostalgisches an sich? Nicht wenige zeitgenössische Autoren werden die Frage nach einer poetologischen Position als Zumutung empfinden. Sie werden ihrem (falschen) Verdacht, man verlange ihnen eine »Idee« oder gar eine »Botschaft« ab, der sie ihr Schreiben unterordnen sollten, mit empörtem Schweigen Nachdruck verleihen – ohne zu merken, daß sie sich damit jener schweigenden, schreibenden Mehrheit nähern, die ihre Freizeit am Altar des reinen Selbstausdrucks opfert. Eine solche Frage zu stellen, bedeutet freilich nicht, die Pluralität, die notorische »Unübersichtlichkeit« der Szene zu leugnen. Auch geht es nicht darum, die Augen davor zu verschließen, daß es kaum mehr Dichtergruppen (Avantgarden, Sezessionen, Innovationsschübe) gibt, sondern lauter mehr oder weniger begabte, in ihrem ›Anderssein‹ auf seltsame Weise sich gleichende Eigenbrötler – eine Situation, der sich vielleicht nur noch mit Begriffen wie »Tautologie« (B. Groys) oder »universale Akzeptanz« (M. Warnke) beikommen läßt. Anders gesagt: Gerade weil das schon von Horkheimer / Adorno beschworene Gespenst der Homogenisierung heute mehr denn je für Unbehagen in der Kultur sorgt, gilt es, die Frage nach der poetologischen Position zu stellen. Sie wendet sich insbesondere an jene, die Gedichteschreiben als Arbeit ansehen und es nicht lassen können, beim Schreiben nachzudenken über das, was sie gerade tun – die nicht zurückschrecken davor, über ihr spezifisches Verhältnis zur poetischen Sprache, ihre Geräumigkeit, ihr Gewicht, ihre Möglichkeiten zu reflektieren. Was ist es, das die eigenen Texte erkennbar, identifizierbar macht? Gegen welche (schlechte, verkehrte) Sprache schreiben sie an?

Die letzte hitzige Lyrik-Debatte, die das Dichterpapier regelrecht zum Glimmen brachte, fand, wenn ich recht sehe, vor genau dreißig Jahren in der Zeitschrift »Akzente« statt (»Akzente« 2/1965; 3/1966; 4/1966). Walter Höllerer provozierte die Zunft (flankiert von wohlmeinenden Zitaten aus dem Werk von W. C. Williams, E. Pound, H. Michaux, C. Olson und F. T. Marinetti) mit seinen »Thesen zum langen Gedicht«. Ganz offensichtlich wollte er als – transatlantisch inspirierter – Ketzer gegenüber einer lyrischen Orthodoxie auf den Plan treten, für die (fast) nur das kurze Gedicht ein gutes war und das Imprimatur verdiente. Das hörte sich zum Beispiel so an: »Wer ein langes Gedicht schreibt, schafft sich die Perspektive, die Welt freizügiger zu sehen, opponiert gegen vorhandene Festgelegtheit und Kurzatmigkeit. Die Republik wird erkennbar, die sich befreit.« Auch so: »Alle Feiertäglichkeit weglassen. Einen Teil der theoretischen Tätigkeit in die Praxis hineinnehmen. Die Auffächerung so weit öffnen wie möglich.« Oder so: »Die erzwungene Preziosität und Chinoiserie des kurzen Gedichts! Das lange Gedicht gibt eher Banalitäten zu, macht Lust für weiteren Atem. Ich spiele mit dem, was ich gelernt habe.« Und noch ein letztes, vollends unmißverständliches Gebot: »Berufe dich nicht auf ›Schweigen‹ und ›Verstummen'. Das Schweigen als Theorie einer Kunstgattung, deren Medium die Sprache ist, führt schließlich zu immer kürzeren, verschlüsselteren Gedichten; die Entscheidung für ganze Sätze und längere Zeilen bedeutet Antriebskraft für Bewegliches.« Dies alles klingt, scheint mir, nach wie vor so frisch, als habe ihm der Bibliothekenstaub von drei Jahrzehnten nichts anhaben können. Karl Krolow, der theoretisch Versierteste unter den Minimalisten, nahm den Fehdehandschuh auf und setzte in seinem legendären Beitrag »Das Problem des langen und kurzen Gedichts – heute« zu einer hochdifferenzierten, den Höllererschen Gegensatz subtil unterlaufenden Erwiderung an. Den Vorteil der ausführlichen essayistischen Argumentation nutzend versuchte er, den »Thesen« ihre Spitze zu nehmen und die »Etablierung des langen Gedichts auf Kosten des kurzen« in Zweifel zu ziehen: Über den Wert oder Unwert eines Gedichts entscheide weniger der »Umfang« des verbalen Apparats oder das Bekenntnis zur Syntax, als vielmehr, »wie LANGE ein [...] Gedicht bei Atem bleibt«. Statt zu einem »Geklapper nicht mehr stimmender, nicht mehr zueinander passender, sich lockernder Zusammenhänge« zu werden, solle sich das Gedicht besser als »singbare Formel« im Sinne Apollinaires verstehen – als ein konzises, elliptisches Gebilde, das seine Kürze nicht spätmetaphysischem Reduktionismus verdankt, sondern der »Lakonisierung des lyrischen Sprechens«. Hatte nicht schon der heilige Baudelaire über die langen Gedichte den Bannfluch gesprochen: Sie seien die »Zuflucht derer, die unfähig sind, kurze zu machen«? »Das Verkürzen, das Fortlassen also,« so heißt es abschließend, »mutet der sensiblen Anstrengung MEHR zu als das Zulassen im geräumigeren Gedicht, als eine Schutzsuche der poetischen Unfähigkeit bei flachen Passagen, die zu nichts anderem gut sind als einen bequemeren lyrischen Sprechablauf zu verlangsamen«.

Wenn ich heute an diese Debatte erinnere (an der auch andere Autoren, Horst Bienek etwa, beteiligt waren), so am wenigsten, um Handouts für ein literaturgeschichtliches Proseminar zu verteilen. Es scheint mir vielmehr, als seien hier grundsätzliche, über die historische Gemengelage hinausreichende Positionen skizziert worden, die bis dato eine Herausforderung darstellen. Ging es tatsächlich nur um quantitative Probleme? Natürlich nicht. Der springende Punkt war, ob es im letzten Drittel des 20. Jahrhunderts noch die Aufgabe des Lyrikers sein könne, das Einzelwort als eigentliche »Heimstatt« (R. Barthes: »la demeure«) des Gedichts zu feiern, es symbolisch-orphisch aufzuladen und auf der

Basis irgendeiner privaten Metaphysik die äußerste Reduktion, ja, das Verstummen zu erstreben. Oder ob es, im Gegenteil, an der Zeit sei, sich »weiträumigen« (H. Bienek), welthaltigen, unterschiedliche Stillagen einbeziehenden Versgefügen zu öffnen, die traditionell vertikale durch eine horizontale, kommunikative Sprachauffassung zu ersetzen. Bemerkenswert im Rückblick auf diese Debatte ist nicht allein, daß es Karl Krolow, dem auf den ersten Blick konservativen Anwalt des status quo, mit seinem Werk gelang, das ontologische Heimweh weitgehend aus der Lyrik zu vertreiben, ohne die den Deutschen liebste Form, das kurze Gedicht, auch nur anzutasten – daß er also gar nicht die Adresse war, an die sich Höllerers Polemik zu richten hatte. Bemerkenswert ist darüber hinaus, daß auf anderen Theorieschauplätzen der 60er Jahre ganz ähnliche Gefechte ausgetragen wurden – etwa in der Linguistik, in der der Syntax ihr Recht gegenüber der Etymologie erstritten wurde, oder in Sprachphilosophie und Psychoanalyse, wo die Metonymie gegen die Herrschaft der Metapher aufbegehrte (Jakobson, Lacan), die dialogische als die »kopernikanische« gegen die monologisch-»ptolemäische« Poesie (Bachtin). In den 70er Jahren schlossen sich noch weitere Begriffspaare – streitbare Pärchen freilich – an; ich nenne nur das berüchtigte Doppel »Deterritorialisierung« / »Reterritorialisierung« aus dem Waffenarsenal der Anti-Ödipus-Fraktion Deleuze / Guattari. Sie erlauben es, die Positionsfrage zu verschärfen: Brauchen wir nichts so sehr als eine Lyrik, die »Weissagung« ist, mit der »Aura und Authentizität archäologischer Funde«, »Dichtung als Spatenstich« also, wie Seamus Heaney es (in »Die Herrschaft der Sprache«) nennt, Dichtung als Arbeit am Territorium? Oder haben wir es lieber, wenn Gedichte bodenlos werden, auf Erdenschwere verzichten, ein luftiges, spielerisches, metamorphes Dasein entfalten – wenn ein Autor wie John Ashbery (in einem Gespräch mit Jürgen Becker in »Litfaß« 61/1994) erwähnt, daß er sich zuweilen wie ein »Gully« fühle, »wo sich Dinge wie Zeitungspapier und Blätter fangen«?

Daß sich diese, wenn man so will, »Frontlinie« nach wie vor durch die lyrische Landschaft zieht, bestätigt ein Blick in das von Joachim Sartorius verfaßte Nachwort zum »Jahrbuch der

Lyrik 1995/96« (Verlag C. H. Beck). Sartorius unterscheidet in diesem Text – einer Pflichtlektüre für alle Lyrikinteressierten – u. a. zwischen Dichtern wie Gennadj Ajgi oder Blaga Dimitrova, die »auf dem metaphysischen Charakter der Sprache«, dem »Glaube(n) an das einzelne Wort« beharren – und Autoren, die, zumeist der angloamerikanischen Tradition verbunden, die Poesie nicht mehr »raunend« oder »halsbrecherisch« betreiben, sondern sich von der melancholischen Einsicht leiten lassen, es seien längst »betretene, kontaminierte Sprachfelder«, auf denen man sich heute bewege. »Neue Abenteuer« entstünden bei Schriftstellern wie C. Middleton, M. Strand, John Ashbery oder auch Jürgen Becker »allenfalls durch genauestes Hinhören, durch die überraschende Kombination schon bekannter Figuren, durch die Aufmischung von Hochsprache durch Slang, Nonsense und Kinderreim, oder durch das präzisionistische Detail.« Noch im Blätterwald des neuesten bundesdeutschen Feuilletons finden sich Echos der betagten »Akzente«-Debatte – etwa, wenn F. J. Raddatz (»Die Zeit« vom 22.9.95) mit dem Gestus des Patriarchen an dem Büchner-Preisträger Durs Grünbein Momente des »Erzählerischen, manchmal gar der Reportage« rügt und dem jugendlichen Heißsporn dringend empfiehlt, das »Disziplin«- und »Zuchtlose« seines Verseschmiedens sein zu lassen: Nur als gleichsam mikroskopische Arbeit gebühre seinen Gedichten das Prädikat »Kunst«, nur wenn erkennbar werde, daß da einer »auf geheimnisvolle Weise [...] seine Verletzungen buchstabiert«. Ist der – in diesem Fall von jeglicher Reflexionsanstrengung verschonte – Maßstab also noch immer das kurze, hermetische, nur durch das Mikroskop wahrnehmbare, im Schweiße des Angesichts aufs Papier buchstabierte Gedicht?

Um Mißverständnissen vorzubeugen: Wenn ich die Erinnerung an den Streit um »das lange und das kurze Gedicht« aufzufrischen und seine unterschwellige Langlebigkeit anzudeuten versuchte, so läuft dies keinesfalls darauf hinaus, Sie nunmehr selbst vor diese manichäische Alternative zu stellen und Ihnen das entsprechende »Bekenntnis« abzuverlangen. Da sei Apoll vor. Es handelte sich vielmehr darum, Ihnen ein wenig Munition zuzustecken angesichts der Frage, ob uns unsere Lyrik noch einen Streit wert ist. Ob die »Akzente«-Kontroverse für Sie, für Ihr Schreiben etwas bedeutet hat oder noch bedeutet, ob Sie sie damals – falls Sie schon »in den Jahren« waren – ähnlich beurteilt haben wie jetzt, ob und inwiefern sich die skizzierten Argumente fruchtbar machen lassen für so etwas wie eine »Defence of Poetry«, eine Diskussion über Poetik heute – dies sind Fragen, die sich anschließen. Wer diesem Katalog in die Quere kommen, die beiden Tendenzen kreuzen, unheilige Allianzen bilden oder das Dichterroß gar von ganz anderer Seite aufzäumen möchte: wir bitten darum. Es könnte dann ja spannend werden.

Daß ohnehin »anything goes«, daß jeder Autor seine eigene unvergleichliche Poetik hat, daß der Streit sich also wieder einmal um die Anzahl der Engel auf einer Nadelspitze drehen könnte – geschenkt. Und natürlich behält Günter Eich recht: »Hundert Autoren – hundert verschiedene Möglichkeiten des Gedichts. Lange und kurze Gedichte, mittelkurze und mittellange.«

Walter Höllerer

»Woher kommen wir? Wo sind wir? Wo geraten wir hin?«

Thesen zum langen Gedicht: Ein Vergleich der Diskussion von 1965 / 1966 mit der gegenwärtigen Debatte

Berlin, im März 1996
Lieber Herr Beil, lieber Herr Leitner,

Sie knüpfen in Ihrer Umfrage an die »Thesen zum langen Gedicht« an. Sie schreiben, einigen Passagen daraus habe der Bibliotheksstaub von drei Jahrzehnten nichts anhaben können. Das hat mich dazu gebracht, den Wortlaut der damaligen Diskussionen mit gegenwärtigen Debatten zu vergleichen, – auch die Hoffnungen von damals mit den Aussichten von heute.

Thesen wollen beunruhigen. Jedenfalls war das meine Absicht, – als Autor, und auch als Herausgeber einer »Zeitschrift für Dichtung«. Dass es nicht nur um messbare Länge und Kürze ging, das wurde schnell eingesehen. Ein gängig und modisch werdendes Verseschreiben schien mir in der damaligen deutschsprachigen Literatur überhand zu nehmen. Karl Krolow hat die Debatte in seinem Antwort-Essay so weitergeführt, dass es eine sinnvolle und die damalige Situation gut beleuchtende Fortsetzung gab, bis zu dem von Hans Bender und Michael Krüger herausgegebenen Band »Was alles hat Platz in einem Gedicht« (1977) –, und darüber hinaus.

Die »Thesen zum langen Gedicht« hatten zum Hintergrund die Begegnung mit Autoren aus nicht-deutschsprachigen Ländern, z. B. mit amerikanischen Autoren wie John Ashbery, Robert Creeley, Frank O'Hara, die ich, mit Gregory Corso zusammen als Herausgeber, auf deutsch und auf englisch vorstellte in »Junge amerikanische Lyrik« (1961). – Eine Schallplatte mit Ginsberg (»Howl«) und Corso (»Bomb«) lag dem Buch bei. Man sollte sie hören können. Sie rebellierten, waren beweglich und verursachten Bewegung.

Im Jahr 1967 konnte ich dann, nachdem wir Autoren aus Ost und West, Nord und Süd ins ›Literarische Colloquium‹ nach Berlin eingeladen hatten, den Band »Ein Gedicht und sein Autor« herausgeben (Verlag LCB, Berlin). Die Autoren hatten damals zugestimmt, am Beispiel eines ihrer Gedichte ihre Poetik in einem Essay oder je nach ihrem Dafürhalten als poetologische Bemerkungen zu formulieren. Es kamen einundzwanzig Autoren aus zwölf Ländern nach Berlin. Sie lasen dort im Winter 1966 / 1967, in der Zeit der heftigen Ost-West Konfrontation und der Studenten-Bewegung.

Es ist auffällig, wie die Fragen, die damals gestellt wurden, innerhalb einer rasch sich verändernden »vorwärts eilenden Wirklichkeit« sich auf die gegenwärtigen Fragen zubewegen. Zum einen hieß es: Was können wir dazu tun, dass nicht Engstirnigkeit und Abkapselung, Beharren auf überholten Glaubenssätzen dort wie hier, und eingeschüchtertes Verstummen uns in ein kriegsähnliches Gegeneinander bringen; andererseits: Lass uns erfahren, wie bewegen wir uns in der Umgebung, aus der wir kommen, wie vergleichbar oder wie beängstigend fremd ist die Erfahrung der anderen, des unmittelbaren Nachbarn und der Nachbarn auf weite Entfernung hin.

Die Antwort auf die Frage »Was ist Ihre Poetologie«, – sie ist zu einem Teil schon aus dem hier Beschriebenen abzulesen. Mich bewegen, und Bewegung gegen Starres ermöglichen, das gehörte für mich von Anfang an zum Gedichteschreiben. Das geht auf die vierziger Jahre zurück: mich lebendig erhalten gegen Gleichschritt, Gleichschaltung und diktatorischen Zwang. Von daher kommt es, dass mein Schreiben von Gedichten die Beweglichkeit sucht, dass meine Gedichte so, wie sie gelesen und gehört werden, diese Beweglichkeit verkörpern.

Vorher, in der Kindheit und der Schülerzeit, hat mich die Beobachtung von Erwachsenen verwundert und zum Widerspruch gereizt. Erst in den Kriegsjahren sah ich, wie lebensbedrohend die Maschinerie um mich war. Sie bedrohte nicht nur mich, sie bedrohte alles Lebendige, das mir nah war, und ich sah, wie wenig selbstverständlich das Lebendige war, und wie schnell es in Asche, Müll und Schutt sinnlos und ohne Bedenken vernichtet wurde. Und ich entwickelte mir auch einen Spürsinn dafür, wie die Physiognomie und die Gebärden derer, die solches Auslöschen befördern könnten, zu erkennen sein würden.

Ein negatives Prinzip war das, das war bald einzusehen. – Das Schreiben hatte dann aber viel mehr damit zu tun, mich dem, was bedroht war, zuzuneigen, und es liessen sich da viele Differenzierungen finden, es gab da keine groben Raster, keine geschlossenen Systeme, – es gab viele Möglichkeiten verschiedenartigster Sympathisanten. So kam es zu einer Poetologie, die als ein Teil der Gedichte, auch der Prosa, auch der Essays, die ich schrieb, abzulesen ist.

So gehört für mich auch die Herausgabe der Zeitschriften »Akzente« und »Sprache im technischen Zeitalter« zu dem, was ich mir als »sinnvolle Literatur« vorgenommen hatte, und es gehören die Orte dazu, die der Literatur als Treffpunkte, als Arbeits-, Beratungs- und Schreiborte dienen: das eine, das Haus der Briefe, der Bilder und Bücher in der oberpfälzischen Provinz, das andere, das Haus als Treffpunkt über viele Länder- und Sprachgrenzen hinweg, in Berlin. Diese Orte sind notwendiger denn je, jetzt, gegen Ende unseres Jahrhunderts. Notwendig, um gegen Missverständnis und Unverstand die Möglichkeiten der Literatur weiterhin zu erproben. Die Literatur: Sie hält ein Gedächtnis wach, über die Jahre hin, das so schnell nicht erlischt. Der Brei der Informationsgesellschaft, die Entwertung des einzelnen menschlichen Lebens, – dies alles führt davon weg, die Chance »ich lebe« als Glück zu empfinden. Sprachlosigkeit? Dass sie nicht überhand nimmt, dafür, so ist meine Hoffnung, wird das Finden und Erfinden von Sprache durch die Autoren hellhörig machen. Mit den Lesern werden sie fragen: Woher kommen wir? Wo sind wir? Wo geraten wir hin?

Durs Grünbein
»Gedichte – Drehungen eines Taschenspiegels«

Berlin 28/2/96

Sehr geehrter Herr Leitner, sehr geehrter Herr Beil,

hier ist, in aller Kürze (ich finde im Gegenteil, es wird viel zuviel über Gedichte u. Literatur geredet), meine Antwort auf Ihre Umfrage. Die Sache mit den Gedichten ist im übrigen genauso offen und unvorhersehbar wie das 21. Jahrhundert, das demnächst anbricht. Das Gedicht wird sein, was es immer war: eine dramatische Form, der Selbstmord auf offener Bühne vor einem geisterhaften Publikum.

Herzlichst, Ihr Durs Grünbein

Gedichte –
Drehungen eines Taschenspiegels
In dem sich alle Dinge wiederfinden
Auch die Gedanken, die Gesten
Die Schocks – reine Anschauung
Ins Kleine schweifend, ins Große –

Das Portrait eines
Antoninischen Mädchens ebenso
Wie das Erschrecken
Vor einem alten Röntgenbild
Oder der leere Blick
In die Zukunft –

Gedichte sind Fragmente
Eines zeitlichen Ganzen
Das wir nicht kennen.

Berlin 28/2/96

Günter Kunert

»Das Gedicht, der letzte Ort der Wahrheit«

Poetik: Was man wirklich kennt, ist die eigene Biographie und nur die zählt. Das Gedicht ist eine magische und archaische Erscheinung: Es kommt nicht nur aus der geschichtlichen Ferne, es steigt auch aus der Tiefe unserer persönlichen Vergangenheit. Und die Wiederholung als Prinzip ist ein Abkunftszeichen von der Beschwörung: Du mußt es dreimal sagen. Und das außerdem immer wieder!

Das Gedicht, und das mag pathetisch klingen, ist der letzte Ort der Wahrheit, weil Wahrheit nur noch im Symbol, im Bild erscheinen kann, da ihre sonstigen Formen absolut relativiert worden sind, wenn nicht gar falsifiziert. Die Wahrheit, sobald sie theoretisch abgestützt vorkommt, trägt dadurch den Keim ihres Verfalls in sich: Die Reichweite jeder Theorie ist zeitlich begrenzt. Das Symbol jedoch und das Bild sind nicht widerlegbar, weil Bild wie Symbol immer nur auf etwas deuten, das wir modisch »existentiell« nennen oder altertümlich »schicksalhaft«. Weder für das Existentielle noch für das Schicksalhafte gibt es Theorien, nur theoretisch fundierte Leugnungen, die immer wieder unerwartet zerbröckeln, wenn es um unser innerstes Sein geht, das, weil unaussprechbar wie ein furchtbares, unausdenkbares Verbrechen, nur mittels einer Transkription angedeutet werden kann.

Eine Poetologie

Der Stumme schreibt
ein Gedicht. Der Taube
kann es nicht hören. Der Blinde
kann es nicht lesen.

Der Stumme schreit
ohne Laut schwarz auf weiß.

*Der Taube vernimmt es
mit seinen Augen.
Und den Blinden tröstet
die Verlesung. Wir alle
sind Darsteller
symbolträchtiger Leiden,
der Garantien
gewöhnlichen Lebens.*

Ilma Rakusa
Lang- oder Kurzgedicht, eine Alibi-Diskussion?

Lang- oder Kurzgedicht, eine Alibi-Diskussion? Walter Höllerers damaliges Plädoyer für das angloamerikanische Langgedicht, das mit seinem narrativen Gestus viel Welt, d. h. Raum, Zeit und Sprachfülle einfängt, sollte deutscher Lakonie Wege ins Offene weisen. Doch sind nationale Traditionen nicht beliebig übertragbar, und lyrisches Parlando will den Angelsachsen sichtlich leichter über die Lippen. Auch im Kurzgedicht, um nur Wallace Stevens oder Charles Simic zu nennen. Wer sagt aber, Langgedichte, die nicht dem amerikanischen Pattern folgen, seien weniger interessant, zeitgenössisch, welthaltig? Das grossartige »Alphabet« der dänischen Dichterin Inger Christensen, das nach der Fibonacci-Reihe aufgebaut ist und die Schöpfung – im gegenwärtigen, arg havarierten Zustand – zusammenbuchstabiert, gleicht einer litaneiartigen Aufzählung, einem rhythmischen Singsang, und knüpft damit an Formen des Gebets an. Welt wird hier nicht erzählt, sondern rituallhaft – alphabetisch und numerisch – gebannt. Und obwohl alltäglichste Dinge zur Sprache kommen, weicht die Trivialität einer magischen Beschwörung. Gänzlich unamerikanisch wirken auch die Langgedichte des österreichischen Lyrikers Michael Donhauser. »Die Quitte« ist ein Beispiel geduldiger, detailverliebter und zugleich abschweifender Annäherung an einen Gegenstand, horazisch diesseitig und handkeesk feierlich entrückt, eine Adoration.

So what? Ob Lang- oder Kurzgedicht, ob Sonett oder Stanze, die Möglichkeiten ihrer Nutzung sind Legion. Jeder Personalstil sucht sich seinen Ausdruck. Reverenzlos, aber nicht referenzlos, demontiert Oskar Pastior das Sonett zum »Sonetburger«, und Joseph Brodskys »Neue Stanzen an Augusta« bringen einen saloppen, ganz und gar heutigen Ton in die altehrwürdige Form. Aus solcher Reibung entsteht Neues. Wie sie zu bewerkstelligen sei, entscheidet die Persönlichkeit des Autors.

Ich selbst habe mir wenig Gedanken darüber gemacht, ob ich Lang- oder Kurzgedichte schreiben soll. Ob lang oder kurz: wichtig ist mir eine gewisse Formstrenge, denn erst sie setzt in mir kreative Energien (Phantasien) frei. So sind Akronyme entstanden und neuerdings Neunzeiler, deren ungerade Zahl zu subversiven Reimspielen verleitet. Kompakte Kürze liegt mir zweifellos mehr; zu einem lässigen Parlando kann ich mich nicht einmal in der Prosa durchringen. Entscheidungen fallen, wie sie fallen müssen – ungeachtet von Trends, Publikumserwartungen, Kritikerermahnungen. Immer noch ist es das Ohr, das mir Rhythmen und vieles andere diktiert, das mir zuverlässig sagt: Nein, nein, nein, und plötzlich: Ja. Mit Marina Zwetajewa behaupte ich: »Mein Wille ist das Gehör, das Nichtmüdewerden zu lauschen, bis ich höre, und nichts eintragen, was ich nicht gehört habe. Zu fürchten ist nicht das schwarze Blatt (mit all den vergeblichen Versuchen des Durchgestrichenen) und nicht das weisse Blatt, sondern das ›eigene Blatt‹: das eigenwillige.«

Polemik

Kerstin Hensel

FREIE VERSE – AUFFORDERUNG ZUR FAULHEIT?

In der Form zeigt sich das Weltverständnis. Es soll an dieser Stelle zum Freien Vers geschrieben sein, da er das Instrument unserer Zeit ist, dessen sich alle angehenden und seienden Dichter zu bedienen scheinen. Der Freie Vers klingt nach Freiheit, und Freiheit in der Kunst assoziiert im schnellen Überflug der Gedanken: gelöst sein von allem Zwang und Regelwerk. Die Meinung ist verbreitet und dennoch ein Irrtum: Alles, was wie ein Gedicht aussieht, sei auch eines, also: Ist die Schriftbündigkeit nicht gewahrt, habe der Leser Lyrik vor sich. Sind die Zeilen kürzer als der rechte Papierrand, aber einigermaßen symmetrisch, kann der Leser immerhin davon ausgehen, daß er, wenn schon nicht immer ein Gedicht, so doch wenigstens einen Gedichtversuch vor sich hat. Flattern dagegen die Zeilen auseinander, drehen sie sich um eine Mittelachse oder hüpfen über die Seite, ist Vorsicht geboten. Da will etwas ein Gedicht sein, was vom Wesen her ein einfacher oder auch poetischer Satz ist, zerhackte Prosa nämlich. Die Wahrheit erweist sich beim Vortrag des Textes. Wie die Güte und Wahrheit eines Gedichtes herauszufinden sei, darüber ist viel geschrieben worden, und es spricht für die Dichtung, daß sie nicht endgültig unter Beweis zu stellen ist. Trotzdem erlaube ich mir, inmitten des seit einem knappen Jahrhundert tönenden Freiheitgeschreis in der Kunst, Maßgaben zu wiederholen, ohne die letztlich auch die Lyrik überflüssig ist. Von Freiheit ist erst zu sprechen, wenn der Dichter weiß, wovon er sich freimacht. Ich wähle den Begriff Freier Vers und nicht Freier Rhythmus, weil letzterer Mißverständnisse herausfordert. Der Vers ist die Überlagerung zweier oder mehrerer sprachlicher Ordnungssysteme, deren eines das jeweilige metrische Raster ist. Den Vers unterscheidet also von der Prosa der gebrochene Satz, welcher an seinen Schnittpunkten, den Enjambements, zu einer sinnfälligen, d. h. auch sprechbaren Mehrinformation führt. Versus heißt: Die gepflügte Furche, das (Wort-)Material wird gedreht und gewendet, der Grund bereitet für die besondere

Frucht. Der Freie Vers impliziert also den künstlerischen Umgang mit der Sprache, der mehr ist als willkürliche Teilung des Satzes. Frei am Freien Vers ist einzig und allein das Metrum: Es gibt keine vorgeschriebene Verslänge wie bei den gebundenen Versen. Der Freie Vers ist in den meisten Fällen reimlos und verfügt im Gegensatz zum vers libre, der einer strengen, meist jambischen oder trochäischen Taktgliederung unterliegt, über freie Taktanzahl und –füllung. Das Gedicht im Freien Vers erinnert strukturell an Freejazz: Es arbeitet mit thematischen, syntaktischen oder rhythmischen Wiederholungen; ist also, bei aller Offenheit, eine durchdachte Komposition. Die Zeilenbrüche sind keine optische Zier, sondern als Sprechanweisung zu verstehen. Bei Brecht können wir lernen, was das heißt:

Die Salve war abgefeuert. Die Mannschaft
Marschierte ab. Der Rauch an der Mauer
Erhob sich:
Du
Bliebst liegen.

Als Prosa, also ohne die Zäsur am Versende gelesen, wäre der Text nur halb so gut. Der Text eines anderen Autors würde hingegen, als Prosa vorgetragen, an Qualität gewinnen:

Seit längerem probiere
ich
den Schatten aus,
den ich werfen
werde,
wenn du mich
vergessen hast.

Dergestaltes dominiert in der gegenwärtigen Lyrik: Sie scheint nur als solche. Die meisten Autoren, halten sie öffentlich Lesung, lesen ihre eigenen Texte anders, als sie sie geschrieben haben, verslos nämlich. Sie würden sich ja auch die Zunge dabei brechen. Je mehr sich ein »Gedicht« dem Prosatonfall nähert, also je besser es verständlich wäre, läse man die normale Syntax, desto schlechter ist das Gedicht. Ich frage mich nur, warum verfassen die Poeten dann keine Prosa und bestehen auf dem Begriff »Gedicht«? Wissen sie nicht, was sie tun?

Der Freie Vers entstand in Anlehnung an die italienischen Madrigalverse, die griechische Dithyrambendichtung und aus dem Sprengen fester Versformen. Klopstock schuf sie neu; die Klassiker benutzten sie, wenn es der Stoff erforderte, als Protest gegen die Glätte und Harmonie der konventionellen Verse; im 19. Jahrhundert mußte man die Freien Verse (wie die Dichtung überhaupt) suchen; das 20. Jahrhundert beansprucht alles für sich und hat alles vergessen.

Unser Säkulum strotzt vor irrwitzigen Theorien, die die Neugründung von Lyrik beinhalten. Bei Lichte besehen laufen all diese »Neuerungen« auf die Auflösung des Versbegriffes, d. h. auf Prosa oder Klangautismus hinaus. »Rhythmik statt Metrik« forderte um 1920 Arno Holz. Was bleibt, ist Prosa:

> *Im Tiergarten auf einer Bank,*
> *behaglich*
> *ein Knie über das andere, bequem-nachlässig*
> *zurückgelehnt*
> *sitze ich und rauche und*
> *freue mich über die schöne Vormittagssonne!*

Hier hört der Vers auf, bevor er beginnt. Und hier beginnt es, statt einfach simpel zu werden. Simples ist beliebt. Theoreme wie die von Holz sind Aufforderung zur Faulheit. Sie geben der Formlosigkeit Begriffe und machen aus Nichtskönnern Alleskönner. Immer, wenn es der Gesellschaft an Richtung und Kontur mangelt, fehlt es der Dichtung an Form. Lyrische Prosa, prosaische Lyrik, Mischformen also, häufen sich immer in literarisch schlechten Zeiten. Natürlich haben die Dichter in verschiedenen Zeiten den Vers nicht stets als das Gleiche empfunden, aber eines haben sie immer gewußt: der Vers ist keine Prosa. In diesem Jahrhundert sind die poetischen Teller insgesamt abgegessen, Neues schier unmöglich, Vers und Reim, sagt man, gehören in die Rumpelkiste des Vergessens. Die Zeit scheint nicht mehr komplex oder auch nur kompliziert: Sprache wird daher nicht mehr chiffriert, sondern bleibt eine oberflächliche Einheit. Die Abneigung vor der Arbeit des poetischen Denkens ist die Angst vor der Wirklichkeit, also vor dem, woran sich der Vers brechen muß. Ich sehe auch das Gegenteil: Überchiffrierung, die im Selbstlauf der Klänge mündet, kaum mehr entschlüsselbar, inhaltslos. Natürlich hat ein Gedicht immer auch mit Klängen zu tun. Die akustische Umwelt des 20. Jahrhunderts hat sich verändert, und gewiß muß die Lyrik dem Rechnung tragen. Bedenklich ist nur, daß sie sich den jeweiligen Wahrnehmungsmoden zu oft unterwirft und sie bloß kopiert, anstatt ein kritisches Pendant zu bilden. Ein Gedicht ist nämlich erst immer dann ein Gedicht, wenn es etwas mitteilt, was mit anderen Informationsträgern nicht erfaßt werden kann. Es birgt ein Geheimnis, das der Leser ergründen muß und das er, bis zu einem gewissen Punkt, auch ergründen kann.

Der Freie Vers ist im Volk (in der Schule vor allem) unbeliebt, weil er sich schwer auswendig lernen läßt und den Ruch des Intellektuellen hat. Es ist kein geschlossenes Ordnungssystem, in das man sich einlullen kann, aber – die Vorzüge werden zu oft in den Nachteil gedreht: Es gibt in der heutigen Dichtung kaum noch Zitierbares, also Merkbares. Immer wenn die Schwierigkeit auftaucht, etwas sagen zu wollen, obwohl man nicht eigentlich weiß, was, wird die Lyrik-Alchimistenküche aufgeschlossen und experimentiert, mit dem Ziel: Mal sehen, was entsteht. Das Machen des Textes wird wichtiger als das Resultat. Die vielen Gedichte übers Gedichteschreiben zeugen davon. Es wird geschrieben in der Suche nach Worten, anstatt sie zu finden. Von Sprachlosigkeit wird gesprochen ohne Ende; aber ein Dichter darf nicht sprachlos sein, lieber sollte er schweigen. Die Vortragskultur unserer jungen Genies, wie schon erwähnt, liegt sehr im argen. Nur wenige, die sich und ihrem Text trauen, jene also, die etwas mitzuteilen haben, schaffen es, den Text über das Papier hinaus zu Gehör zu bringen. Die meisten Veranstaltungen bestimmt tonloses Genuschel, was davon zeugt, daß der Autor sich selbst eigentlich egal ist, und es wird Freiheit genannt, was das Nichts bedeutet.

Anton G. Leitner

Abpfiff für eine Dichterriege!
Von den Chancen der Lyrik nach der Jahrtausendwende

Junge Autoren – besonders Lyriker – kommen mit ihren Texten naßforsch daher und bedienen »entweder die kalauernde Spaßkultur« oder präsentieren sich »mayröckernd sprachreflektorisch und bedeutungsstaplerisch«. So beurteilt der große Peter Hamm in der Wochenzeitung »Die Zeit« (Nr. 13 vom 25. März 1999) im Rahmen einer Wulf-Kirsten-Rezension die gegenwärtige deutschsprachige Lyrikszene. Hamm, der im Bayerischen Rundfunk seiner Aufgabe als Literaturredakteur seit Jahren überaus diskret nachgeht, nimmt in seinem Beitrag für »Die Zeit« den Gestus dessen ein, der »sich mit wachen – sozusagen erwachsenen – Augen« in der »lyrischen Landschaft umsieht«. Er ist regelrecht »abgestoßen« vom »postmodernen Recycling, das flächendeckend betrieben« werde. Roß und Reiter nennt der ›aufmerksame‹ Repräsentant des öffentlich-rechtlichen Rundfunks allerdings nicht.

Wie aber kommt einer, der vor 33 Jahren sehr neugierig war und in seiner Anthologie »Aussichten« (1966) noch nicht etablierte Autoren wie Volker Braun, Hubert Fichte oder Reinhard Priessnitz publizierte, heute selbst als Dichter daher? Hamm wartete zuletzt Mitte der 80er Jahre in seinem Gedichtband »Die verschwindende Welt« (München, 1985) mit tiefschürfenden Erkenntnissen in Versform auf: »*Die Welt, sterblich, / unter mir. / Ich, unter mir, / sterblich [...]*« und »*Wahrheit / bist du – / / oder / bist du / nicht*« oder »*Unsere Worte / willfährig – / oder wund. / / Was ist noch / unaussprechlich?*« Derartige Wortschöpfungen rechtfertigten es meines Erachtens nicht, den Mund so voll zu nehmen.

In seinem Artikel bezieht sich Hamm auf den Berliner Literaturprofessor Harald Hartung, der unserer Zeit »lyrischen Dilettantismus als Massenphänomen« attestiert. Professor Hartung schreibt manchmal gescheite Literaturkritiken in der »Frankfurter Allgemeinen Zeitung« und dichtet – wie Peter Hamm –

gelegentlich auch selbst. In seinem Gedichtband »Jahre mit Windrad« (Göttingen, 1996) glänzt Harald Hartung nicht gerade durch besondere sprachliche Raffinessen. Der Leser entdeckt beim besten Willen keine lyrische Ausnahmebegabung, wenn Hartung zum Beispiel 1988, als Villa-Massimo-Stipendiat, von seiner Förderung gleichermaßen überrascht und überwältigt, – selbstironisch? – formuliert: »*wie ich am kleinen abgeschabten Schreibtisch / vor meinem leeren Blatt nur murmelte / Ich bin in Rom ich bin in Rom ich bin …*«

Diese Kritiker ertragen es offenbar nicht, daß gerade unter den nachwachsenden Autoren intellektuell wie sprachlich hochstehende Lyriker vertreten sind: Franz Josef Czernin, Ulrike Draesner, Durs Grünbein, Dirk von Petersdorff, Thomas Kling, Michael Lentz, Ferdinand Schmatz, Raoul Schrott.

Hamm, Hartung und andere Kritiker haben den sicheren Blick dafür verloren, daß in der Literaturlandschaft einschneidende Änderungen bevorstehen, die weit über einen normalen Generationswechsel hinausgehen.

Eine Generation überschätzter Poeten tritt ab, zu der ich auch Sarah Kirsch zählen möchte: »*So viel Sehnsucht / Tag und Nacht. Hab gerade / Die Pflanze Herzgespann / Uns erfunden.*« Bezeichnenderweise wurden diese Verse veröffentlicht im Band »Bodenlos« (Stuttgart, 1996).

Reiner Kunze, der einst mit lakonischen Versen (»Zimmerlautstärke«, Frankfurt a. M., 1977) brillierte, konnte nach seiner Übersiedlung aus der ehemaligen DDR in die Bundesrepublik nicht mehr gegen alte Feinde anschreiben und blieb bei lyrischen Grußadressen an neue Freunde hängen. Sein Werk (z. B. »Eines jeden einziges Leben«, Frankfurt a. M., 1986) wird von der seriösen Kritik kaum mehr beachtet.

Eine ähnlich tragische Entwicklung ist im dichterischen Spätwerk von Hans Magnus Enzensberger festzustellen. Er, der in jüngeren Jahren als politisch engagierter Kopf und findiger Herausgeber mit genialen Vernetzungsfähigkeiten wortmächtig für eine bessere Literatur arbeitete, bevorzugt seit einigen Jahren moralinsaure Töne: »*Ich habe oft das Gefühl (brennend, / dun-*

kel, undefinierbar usw.), / daß das Ich keine Tatsache ist, / sondern ein Gefühl, / das ich nicht loswerde.« (»Kiosk«, Frankfurt a. M., 1995).

Auch Peter Härtling beweist wiederholt mit seinen Gedichten, daß Hartungs Dilettantismus-These vom Ansatz her zutrifft, allerdings auf die falsche Generation bezogen wird: *»Komm, wir gehen Berge versetzen. / Wir stülpen die kranke Erdhaut um. / Komm, wir spielen mit dem Entsetzen / Und nehmen Katastrophen nicht krumm.«* (»Das Land, das ich erdachte«, Stuttgart, 1993; auch in »Gedichte«, Köln, 1999).

In DAS GEDICHT wurden seit 1993 über 2000 Neuerscheinungen im Bereich der deutschsprachigen Gegenwartslyrik bibliographiert, circa 300 Titel rezensiert. Aus dem Fundus der Redaktion ließen sich unzählige weitere Zitate von ›gestandenen Literaten‹ anführen, die eindrucksvoll belegen würden, daß es mit einer solchen Art von Lyrik nicht so wie bisher weitergehen kann. Wer wundert sich da noch, daß seit Jahren kein deutschsprachiger Lyriker in die engere Auswahl für den Literaturnobelpreis gekommen ist? Es besteht kein Zweifel: Diese inflationär mit kommunalen oder staatlichen Preisen subventionierten Betroffenheitslyrismen und gefälligen Schlagersubstitute in Versform haben keine Zukunft.

Natürlich gibt es unter den etablierten Autoren Ausnahmen. Erstrangige Gesamtwerke wie das von Friederike Mayröcker oder das von Ernst Jandl bestätigen die Regel. Karl Krolow war ein brillanter Techniker, der seinen hohen thematischen und formalen Anspruch mit ungeheurer Leichtigkeit und Raffinesse umzusetzen wußte. In Sachen Handwerk, vor allem Genauigkeit, und Lyrikkritik kann man heute noch viel von ihm lernen. Er hat in den letzten Jahren wegen schwerer Krankheit nicht mehr viel Neues schaffen können und kommt nach seinem Tod als dichterischer Garant für den Schritt ins nächste Millenium nur noch bedingt in Frage.

Tausende von Fernsehzuschauern richten ihre Bucheinkäufe inzwischen danach aus, welche Titel im »Literarischen Quartett«

besprochen werden. Dabei wirkt es verheerend, daß hier die Lyrik, eine der wichtigsten literarischen Gattungen, komplett ausgeklammert wird. Der Grund mag in der Angst liegen, daß Lyrik sich für Entertainment nicht eigne, daß niedrige Einschaltquoten die Folge wären. Doch man darf die Neugier und die Intelligenz seiner Zuschauer nicht unterschätzen.

Seit mehr als zwanzig Jahren werden in der »Frankfurter Anthologie«, die Marcel Reich-Ranicki als F.A.Z.-Rubrik gründete, deutschsprachige Gedichte mit großer Leserresonanz vorgestellt und interpretiert. Allerdings kann man dem Frankfurter Großkritiker bei der Auswahl von vielen Beiträgen nicht gerade Mut zum Risiko bescheinigen. Etliche der – manchmal aus Verbundenheit? – vorgestellten Gegenwartspoeten (Sarah Kirsch, Peter Maiwald und andere) bleiben technisch, inhaltlich und vor allem unter dem Aspekt der Spracherneuerung nicht nur weit hinter antiken Dichtern (z. B. Catull, Tibull, Properz – von Homer, Sappho, Vergil und Horaz ganz zu schweigen), sondern auch hinter vielen zeitgenössischen Lyrikern des In- und Auslands zurück. Es ist schade, daß Reich-Ranicki, der sich in der F.A.Z. mit teils glücklichem, teils unglücklichem Händchen für die Lyrik engagiert, nicht auch dem vielfältigen Wunsch des Publikums nach einer »Fernseh-Anthologie« Rechnung trägt.

Eine neue Kritikergeneration muß ihren Weg erst finden; leider tut sie es unter dubiosen Vorzeichen: Freundschaftsbekundungen wechseln öffentlich hin und her. In der verdienstvollen Schweizer Zeitschrift »Zwischen den Zeilen« (Nr. 3, Januar 1994) führt Kritiker Michael Braun (Jahrgang 1958) in anhimmelndem Tonfall ein Gespräch mit Autor und Kollege Michael Buselmeier: »Oft blitzt in Deinen Gedichten ein Glücksmoment auf. [...] Es wird ja auch das Wort *Genius* aufgerufen« und er stellt ihm, politisch korrekt, die Frage: »Müssen sich (Gedichte) vor einer genuin linken Öffentlichkeit bewähren?« Der mit achtzehn Druckseiten Geehrte fühlt sich nach der großzügigen Publikation keineswegs als Rezensent befangen, sondern lobt das Schweizer Literaturmagazin überschwenglich in der »Frankfurter Rundschau« (vgl. z. B. FR vom 24.6.1995 oder FR vom 18.11.1995).

Der Name Michael Braun ist inzwischen offenbar schon so eng mit dem von Michael Buselmeier verknüpft, daß selbst Redaktionen nicht mehr auseinanderhalten können, wer von beiden eine Kritik verfaßt hat. Der Saarländische Rundfunk sendet am 13.11.1993 seine »Zeitschriftenlese«. Das Funkmanuskript weist auf dem Deckblatt Michael Braun als Rezensenten aus, am Schluß unterzeichnet Michael Buselmeier. Unter dessen Namen wiederum erscheint vierzehn Tage später derselbe Beitrag in der FR (»Zeitschriftenrundschau«, 27.11.1993).

Eine ähnlich traurige Figur gibt in München der BR- und SZ-Kritiker Michael Basse (geboren 1957) ab. Als Maßstab seiner zunehmend biederen Kritik dient ihm offensichtlich die eigene Verseschmiede: »*Das Meer das meer / es fließt direkt zu mir ins Haus / als müßt es mich waschen / rein / / ich an / seele wo bist du?*« (in: »Die Landnahme findet nicht statt«, Berlin, 1997). Fast möchte man meinen, Basses Kritikerkollege Albert von Schirnding (Jahrgang 1935 und ebenfalls für die »Süddeutsche Zeitung« tätig), hätte, gleichsam als poetische Antwort auf den »Junior«, korrespondierende Gedichtzeilen verfaßt: »*Wenn ich dich nicht mehr seh, / weil meine Traurigkeit / mit Nacht die Züge färbt, / die ich zu lieb gewann – / kehr ich mich ab und geh ...*« (in »Mit anderen Augen. Gesammelte Gedichte«, Ebenhausen bei München, 1986). Oder bedichtete gar der »Junior« den »Senior«?

Ästhetisch also stehen viele Nachwuchskritiker ihren älteren Kollegen in nichts nach. Der bereits erwähnte Michael Braun beispielsweise fühlt seit Jahren die Berufung, Zensuren zu verteilen. Auf seiner Notenskala, die geradezu einem ›Freund-Feind-Schema‹ folgt, ist zwischen »sehr gut« und »ungenügend« wenig Differenzierung möglich. Zusammen mit Hans Thill hat Braun im Heidelberger Wunderhorn-Verlag eine Anthologie herausgegeben: »Das verlorene Alphabet. Deutschsprachige Lyrik der neunziger Jahre«. Die Herausgeber veröffentlichen sich selbst (Hans Thill) und drucken alte Freunde wie Michael Buselmeier oder Hans Arnfrid Astel (ehemaliger Leiter der Literaturabteilung des Saarländischen Rundfunks). Ansonsten verlassen sie sich fast nur auf ›große‹ Namen wie Jürgen Becker, Elisabeth Borchers, Hans Magnus Enzensberger, Walter Helmut Fritz,

Ludwig Harig, Harald Hartung, Rolf Haufs, Günter Herburger, Sarah Kirsch, Wulf Kirsten, Michael Krüger, Johannes Kühn, Reiner Kunze oder Rainer Malkowski. Neue Autoren hat das wenig entdeckungsfreudige Duo Braun / Thill auch in der jüngeren Generation kaum aufzubieten. Einige etablierte Vertreter wie Marcel Beyer, Franz Josef Czernin oder Thomas Kling wurden – immerhin – in die Auswahl eingerückt. Die ungewöhnlich vitale, im Literaturbetrieb jedoch bislang einflußlose Slam-Poetry-Szene – ein Beispiel für viele – bleibt außen vor.

Rein statistisch scheint aber die Hoffnung nicht unbegründet, daß eine neue Autoren- und eine neue Kritikergeneration auf den Plan tritt und die großen Entwicklungslinien und Zukunftschancen der Lyrik aufnimmt. Gerade die lyriktypische Wort- und Textkompression, die *Verdichtung*, erweist sich als Passepartout im Zeitalter der Digitalisierung, des mobilen Zugriffs auf global vernetzte Datenbanken. Sie wird uns die Codierungen der Nachrichten- und Informationskanäle, der Bild-, Ton- und Filmarchive sprachlich erschließen und gedanklich strukturieren helfen.

Für eine solche Herkulesarbeit aber sind Autoren ungeeignet, die sich als ich-fixierte Bewohner des Elfenbeinturms inszenieren und jammernd, im Predigtstil, pathetische Verse abliefern, abgenutzte Worte wie »Seele«, »Tiefe« etc. aneinanderreihen und als den letzten Stand der Wahrheit ausgeben. Wer eine solche Aufgabe bewerkstelligen will, muß mit seiner Zeit und ihren technischen Bedingungen, ihren Chancen und Gefahren, vor allem auch ihren Möglichkeiten vertraut sein.

Das literarische Internet-Tagebuch »Abfall für alle« von Rainald Goetz (zeitweise unter www.rainaldgoetz.de aufrufbar, im Herbst 1999 als Buch im Suhrkamp Verlag) ist ein Projekt, das die technischen Möglichkeiten seiner Zeit auch poetisch innovativ nutzt. Während Goetz schreibt, laufen offenbar auch Radio- und Fernsehapparate. Informationen aus diesen Medien fließen in den entstehenden Text ein, verändern ihn, schreiben ihn fort. Das Ergebnis sind ungewöhnlich verdichtete Texte, lyrisch, bizarr, unheimlich *wirklich*. Die Stellungnahme Jan Philipp Reemtsmas zur Festnahme seines Entführers Drach in Argentinien lautet bei

Goetz: »*ich freue mich sehr / ich beglückwünsche / die Polizei zu ihrem Erfolg / ich danke allen / die daran beteiligt gewesen sind / [...] ich werde es / bei dem guten Brauch / belassen*« [...]. Am »*Samstag, 9.1.99*« trägt er in sein Tagebuch ein: »*Es klingelt. / / –Sie wünschen? / –Schönengutentag, siaufmachn? / –Warum? / –Ich Werbung, Sie aufmachen!*«

Rainald Goetz stellt sich den Medien, setzt sich mit ihnen auseinander, benutzt sie als Co-Autoren und schickt seine »intimöffentlichen« Tagebucheinträge elektronisch um den Globus; wie selbstverständlich überschreitet er geographische Grenzen, aber auch die Grenzen zwischen Prosa und Lyrik.

Darüber hinaus sind andere Formen neu mit Leben zu erfüllen: Collage, Demontage und Remontage, der Einsatz semantischer Ambiguität, die Fiktionalisierung von O-Tönen, Cut-up- und Sampling-Verfahren und dergleichen mehr müssen in ihrer Eignung als poetische Mittel geprüft werden, damit sich aus neuen Formen, neuen Techniken, neuen Medien auch neue Inhalte ergeben – siehe Rainald Goetz. Die Transportmittel zur Beförderung der Wortkunst werden nicht weniger, sondern mehr.

Wenn sich also Peter Hamm im zitierten Gedicht rhetorisch fragt »*Was ist noch / unaussprechlich?*«, so schwingt darin auch mit, daß eben schon alles, was auszusprechen war, in der Menschheitsgeschichte irgendwie ausgesprochen, ausgedrückt und aufgeschrieben wurde. Jeder Autor recycelt auch Inhalte und Sprache im Sinne einer Wiederverwertung, der eine mit mehr, der andere mit weniger Talent. Die Themen der Poesie bleiben dieselben: Krieg, Tod, Liebe, Natur, Subjekt et cetera. Es kommt auf die Verknüpfungen an, auf die Art der ›Wiederaufbereitung‹ und der erneuten Verarbeitung.

Eine gekürzte Fassung dieser Polemik erschien vorab in der Internet-Zeitschrift »literaturkritik.de«, Nr. 5, Mai 1999 (Schwerpunkt: »Lyrik vor der Jahrtausendwende«). »literaturkritik.de« ist ein monatlich erscheinendes Rezensionsforum für Literatur und für Kulturwissenschaft, herausgegeben von Thomas Anz (in Zusammenarbeit mit Lutz Hagestedt) an der Philipps-Universität zu Marburg. Die einzelnen Folgen von »literaturkritik.de« können auch als gebundene Ausgaben bezogen werden (Institut für Neuere deutsche Literatur und Medien, Prof. Dr. Thomas Anz / Dr. Lutz Hagestedt, Philipps-Universität, 35032 Marburg).

Hans Magnus Enzensberger
Selbstgespräch eines Verwirrten

Wir sind die einen, und die andern sind die andern. Nur damit das klar ist! Die andern sind immer schon da, und sie gehen uns immer auf die Nerven. Nie können sie einen in Ruhe lassen! Wenn sie nur anders wären, das ginge ja noch. Aber nein, sie bilden sich ein, sie wären etwas Besseres. Die anderen sind arrogant, wissen alles besser, können uns nicht ausstehen. Schwer zu sagen, was sie sich eigentlich denken. Manchmal haben wir den Eindruck, daß sie verrückt sind. Eines ist sicher: sie wollen was von uns, lassen uns nicht in Frieden. Provozierend, wie sie uns mustern, als wären wir aus einem Zoo entlaufen, oder als wären wir Aliens. Das wenigste, was man sagen kann: wir fühlen uns von ihnen bedroht. Wenn wir uns nicht wehren, werden sie uns alles wegnehmen, was wir haben. Am liebsten würden sie uns umbringen.

Bin ich einer von den andern?

Andererseits, eine Welt ohne die anderen können wir uns gar nicht mehr vorstellen. Manche behaupten sogar, daß wir sie brauchen. Unsere ganze Energie verwenden wir auf die andern, den ganzen Tag und sogar in der Nacht denken wir an sie. Obwohl wir sie nicht ausstehen können, hängen wir an ihnen. Natürlich wären wir froh, wenn sie weggingen, irgendwohin, wo wir sie nicht mehr sehen müßten. Aber was dann? Entweder hätten wir andere andere am Hals, und dann ginge das Ganze von vorne an, wir müßten die neuen andern studieren, uns gegen sie wehren, oder noch schlimmer: wir fingen an, uns untereinander zu streiten, und dann wären natürlich die einen von uns die anderen, und es wäre aus und vorbei mit unserem Wir.

Manchmal frage ich mich, ob wir wirklich die einen sind. Denn natürlich sind wir gleichzeitig die anderen der anderen. Auch die brauchen ja jemanden, den sie nicht ausstehen können, und das sind sicherlich wir. Nicht nur wir hängen an ihnen, sie hängen genauso an uns, und zwar wären sie froh, wenn wir weggingen, irgendwohin, wo sie uns nicht mehr sehen müßten. Aber dann würden sie uns wahrscheinlich vermissen. Kaum hätten sie uns los, würden sie sich untereinander bis aufs Blut streiten, genau wie wir, wenn die anderen verschwänden.

Das darf ich natürlich bei uns nicht laut sagen, es ist nur so ein Hintergedanke von mir, den ich lieber für mich behalte. Denn sonst würden alle sagen: Jetzt wissen wir Bescheid, mein Lieber! Du bist im Grunde gar keiner von uns, nie gewesen, du hast uns getäuscht! Du bist einer von den andern! Und dann hätte ich nichts zu lachen. Sie würden mir den Hals umdrehen, das steht fest. Ich sollte nicht soviel darüber nachdenken, das ist nicht gesund.

Vielleicht hätten die Meinigen sogar recht. Manchmal weiß ich selber nicht mehr, ob ich einer von den einen bin oder einer von den anderen. Das ist ja das Schlimme. Je länger ich darüber nachgrüble, desto schwerer fällt es mir, zwischen uns und den andern zu unterscheiden. Jeder von den einen sieht, wenn man genauer hinschaut, den anderen verdammt ähnlich, und umgekehrt. Manchmal weiß ich selber nicht mehr, ob ich einer von den einen bin oder ein anderer. Am liebsten wäre ich ich selber, aber das ist natürlich unmöglich.

Ewige Themen der Poesie

Niklas Holzberg

»GIB MIR TAUSEND KÜSSE, DANN NOCH HUNDERT ...«
Catull und das Verhältnis der Geschlechter im alten Rom

Einer der berühmtesten Texte der antiken Liebeslyrik, das fünfte Gedicht in der Sammlung der »Carmina« (Gedichte) Catulls (ca. 87-54 v. Chr.), lautet in einer möglichst wörtlichen Prosaübersetzung wie folgt:

*Leben, meine Lesbia, wollen wir, und uns lieben,
und alles Gezeter allzu strenger alter Männer
soll uns nicht einen roten Heller wert sein.
Sonnen können sinken und wiederkehren,
doch wenn einmal erloschen ist unser kurzes Lebenslicht,
müssen wir eine einzige ewige Nacht schlafen.
Gib mir tausend Küsse, dann noch hundert,
dann weitere tausend, dann nochmals hundert,
dann noch weitere tausend, dann noch hundert.
Dann, wenn wir viel tausend beisammen haben,
bringen wir sie durcheinander, damit wir nichts mehr wissen
und kein schlechter Mensch sie mit bösem Blick behexen kann,
wenn er weiß, dass es soundso viele Küsse waren.*

In der Zeit, in der dieses Gedicht entstand, schrieb man Texte auf Papyrusrollen, die während der Lektüre aufgewickelt wurden. Die besondere Buchform verlangte lineares Lesen: Man wählte aus einer Gedichtsammlung nicht einzelne Texte nach Belieben aus, sondern las die Gedichte in der Reihenfolge, in der der Dichter sie angeordnet hatte. Das war auch deshalb notwendig, weil der Sinn eines Gedichtes nicht aus diesem allein, sondern auch aus der Stellung des Gedichtes im Buchganzen zu erschließen war. Moderne Catull-Leser, die das nicht wissen, pflegen gleich nach dem fünften das siebte Gedicht zu lesen, da hier das Thema der unzähligen Küsse variiert wird. Der Sprecher beginnt mit den Worten:

Du fragst, wieviel deiner Küsse, Lesbia,
mir genug und übergenug sind.

Dann gibt er anhand von mehreren Vergleichen mit Dingen, die in großer Zahl existieren – z. B. mit den Sandkörnern in der libyschen Wüste – zu verstehen, dass er sich wieder Unmengen von Küssen wünscht. Und wieder sollen böswillige Neider sie nicht nachzählen können.

Zwei Gedichte, die uns heute noch ansprechen. Die Gefühlsintensität der Verse, die Liebestrunkenheit des lyrischen Ich, das Lebensechte der Situation haben über die Jahrhunderte immer wieder zur Nachahmung angeregt, ja in der neulateinischen Poesie der frühen Neuzeit, die die antike Literatur neu entdeckte, brach eine regelrechte Kussepidemie aus. Der Sprecher von Gedichten wie dem fünften und siebten der Sammlung galt als Prototyp des zärtlich liebenden, seiner Angebeteten mit reinem Herzen ergebenen Jünglings. Besonders Altphilologen, die Hüter des antiken Erbes, werden noch heute nicht müde, ihrer Ergriffenheit angesichts der zarten Anmut dieser Lyrik Ausdruck zu verleihen.

»Sie gehören zu den feinsten und innigsten der Sammlung«, schrieb einer von ihnen vor wenigen Jahren. Doch der reine Jüngling, der nichts als Küsse will und sich dabei missgünstige Zuschauer vom Hals halten möchte, präsentiert sich in dem Gedicht, das zwischen dem fünften und siebten steht, selbst als Beobachter von Liebesfreuden. Er bedrängt dort nämlich einen Freund, dieser möge doch nicht länger schweigen, sondern ihm etwas über seine Erfahrungen mit einem »Hürchen« erzählen (Gedicht 6, Vers 6-11):

Denn dass du nicht einsam durchschläfst die Nächte
verkünden doch laut – du schweigst vergebens – dein Lager,
duftend von Kränzen und syrischem Öl,
und das Kissen, das rechts und links gleichmäßig
abgescheuerte, und das Quietschen und Hinundherwandern
des von der Erschütterung bebenden Bettes.

Es ist, als spräche der »zarte Jüngling«, der eben noch den bösen Blick eines Zeugen seiner Kuss-Seligkeit fürchtete, jetzt plötzlich aus der Erfahrung eines Voyeurs. Der Kontext von Gedicht 5 und 7 weckt also mindestens Zweifel daran, dass wir uns dieses lyrische Ich lediglich als die Verkörperung romantischer Liebesverzückung vorzustellen haben. Und es gibt nun auch noch eindeutige Hinweise im Catull-Text, aufgrund derer wir für eher unwahrscheinlich halten sollten, dass die Zeitgenossen des Dichters seine Gedichte mit solchen Vorstellungen verbanden. Zwei von diesen Zeitgenossen lässt Catull nämlich Kritik an den beiden Kussgedichten üben. Die beiden Kritiker kommen bei ihm zwar nicht direkt zu Wort, aber das lyrische Ich spielt auf das, was sie gesagt haben, in einem Gedicht an, in dem es sie heftig beschimpft. Aus dem Gedicht – es ist Nr. 16 in der Sammlung – geht hervor, die beiden Kritiker mit Namen Furius und Aurelius hätten, nachdem sie von vielen tausend Küssen gelesen hätten, den Eindruck gewonnen, derjenige, der sie sich wünsche, sei kein richtiger Mann. Kein richtiger Mann? Der also Diffamierte präsentiert sich gleich zu Beginn des Gedichtes, mit dem er reagiert, geradezu als ›Supermann‹, indem er mit phallischer Drohgebärde sagt (und das wird er am Schluss wiederholen):

Ich werde euch in den Arsch und in den Mund ficken, dich,
Tunte Aurelius, und dich, Schwuchtel Furius!

Würde er wahr machen, was er sagt, dann erschienen die beiden Angeredeten, wie wir gleich sehen werden, als das, was sie nach der Lektüre der Kussgedichte in dem Sprecher sahen: Keine »richtigen Männer«. Aber warum bestritten sie einem verliebten Jüngling, der sich von seinem Mädchen unzählige Küsse gewünscht hat, die Männlichkeit? Um das zu verstehen, muss sich der moderne Leser antiker Liebeslyrik ein wenig damit vertraut machen, wie im alten Rom das Verhältnis der Geschlechter zueinander geregelt war, also mit welchen Normvorstellungen man Sexualität zu Lebzeiten Catulls verband.

Im altrömischen Diskurs über das Sexualleben galt Männlichkeit nicht als biologisch vorgegeben, sondern als etwas, das erst erworben werden musste und jederzeit wieder verloren werden konnte. Erst wenn ein freier Römer – nur ein solcher konnte auf den Erwerb von Männlichkeit hoffen – als Familienvater, Besitzender, Politiker, Soldat etc. über bestimmte Machtmittel verfügte, wurde er als Mann angesehen.

Als unmännlich eingestuft wurden dagegen Knaben, vor allem diejenigen, die von einem Mann geliebt wurden, erwachsene Männer, die in einer mann-männlichen Beziehung den passiven Part übernahmen – in diese Kategorie hätten Furius und Aurelius im Falle der Durchführung der in Gedicht 16 angekündigten Strafaktion gehört –, alle schwachen, kranken und alten Männer, ja sogar Ehebrecher, da sie, sexuell unbeherrscht, nach antiker Auffassung keine Macht über sich selbst ausübten. Sexuelle Beziehungen wurden also weit weniger durch die Geschlechterdifferenz als durch Machtverhältnisse organisiert. Es wurde nicht eigentlich zwischen männlich und weiblich und überhaupt nicht zwischen hetero- und homosexuell unterschieden, sondern zwischen mächtig und machtlos bzw. aktiv und passiv. In Liebesbeziehungen hatte – das ist für das Verständnis der Kussgedichte nun besonders wichtig – der Vorgang der Penetration den absoluten Vorrang vor allen anderen sexuellen Handlungen, und deswegen standen sich ganz einfach Penetrierende und Penetrierte gegenüber. Zur ersten Gruppe gehörten nur diejenigen, die mächtig, beherrscht und aktiv und in diesem Sinne Männer waren, während die zweite Gruppe sich aus Frauen aller sozialen Schichten, Knaben, »Tunten«, wie es in Gedicht 16 heißt, und Sklaven zusammensetzte.

Diese klare Rollenverteilung hatte u. a. zur Folge, dass man an Päderastie keinen Anstoß nahm, da das Machtverhältnis zwischen liebendem Mann und geliebtem Knaben der Norm entsprach. Eine sexuelle Beziehung zwischen zwei Frauen betrachtete man dagegen als pervers. Denn der als Machtdiskurs begriffene Sexualdiskurs verlangte einen aktiven und einen passiven Partner. Da aber allen Frauen von der Gesellschaft die passive sexuelle Rolle zugeteilt war, verstießen Frauen, die eine andere Frau begehrten, ebenso gegen die Norm wie Frauen, die aktiv um die Gunst eines Mannes warben oder innerhalb einer Beziehung dem männlichen Partner ihren Willen aufzuzwingen versuchten. Umgekehrt galt es als normwidrig, wenn ein Mann, der aufgrund seiner gesellschaftlichen Position als solcher gelten durfte, sich von einer Frau beherrschen oder von einem anderen Mann penetrieren ließ. Beides trifft nun aber auf den Ich-Sprecher der Gedichtsammlung Catulls zu. Zum einen liebt er sklavisch eine Frau, und zwar eine Femme fatale namens Lesbia, die sich nicht immer seinen Wünschen gemäß verhält und ihn immer wieder betrügt, ja sich nymphomanisch mehreren Männern gleichzeitig hingibt, worauf er aber nur mit Klagen und Beschimpfungen reagiert. Zum anderen duldet er, wie aus den Gedichten 10 und 28 eindeutig hervorgeht, dass der Kommandeur einer militärischen Einheit, in der er in einer römischen Provinz vorübergehend als Soldat dient, mit ihm genau das macht, was er in Gedicht 16 Furius und Aurelius androht: Der Mann »fickt« ihn, wie es dort heißt, in den Mund.

Für die Interpretation von Catulls Gedichten 5 und 7 ergibt sich aus alledem Folgendes: Ein Römer, dem beim Zusammensein mit einer Frau die Penetration das Wichtigste war und der zur Bewährung seiner Männlichkeit auf möglichst raschen Vollzug dringen musste, betrachtete ein langes Vorspiel mit vielen Küssen zwangsläufig als unmännlich. Man kann also zunächst einmal davon ausgehen, dass Catull in Gedicht 16 sagen will, Furius und Aurelius hätten gedacht, ein solcher Fall von übermäßiger Zärtlichkeit habe bei der für Gedicht 5 und 7 vorauszusetzenden Situation vorgelegen, und sie hätten deshalb erklärt, der Sprecher der beiden Gedichte sei kein richtiger Mann. Aber da ist noch mehr.

Es ist auch zu bedenken, dass die Küsserei schon in Gedicht 5 eine sensationelle Überlänge hat. Ferner, dass das Küssen nicht zu dem einem römischen Mann klar gesteckten Ziel führt und dass der Sprecher sich dann in Gedicht 6 bei seinem Freund auffallend neugierig nach dem erkundigt, was dieser mit seinem »Hürchen«, er selbst aber in Gedicht 5 nicht erlebt hat: Das, was so geschieht in einem von heftigen Erschütterungen quietschenden und hin und her wandernden Bett. Schließlich, dass in Gedicht 7 von der Kurtisane Lesbia weitere Kusskanonaden erwartet werden, obwohl die Frau offenbar ungeduldig gefragt hat (Vers 1: Du fragst...), wie lange das eigentlich noch so gehen solle, und dass am Ende des Gedichtes wieder das Ziel eines erotischen Vorspiels nicht in Sicht ist. Das alles deutet meines Erachtens darauf hin, dass der Sprecher von Gedicht 5 und 7 überhaupt nicht in der Lage ist zu penetrieren, weil er nicht über die nötige Potenz verfügt. Und das ist auch nicht weiter verwunderlich, da er, wie gerade skizziert wurde, in der gesamten Gedichtsammlung als die Sorte von menschlichem Wesen charakterisiert wird, als die Furius und Aurelius ihn explizit einstufen: als einen Mann, der kein richtiger Mann ist.

Wenn es zutrifft, dass der Sprecher von Gedicht 5 und 7 implizit sagt, er sei impotent, oder dass er zumindest im zeitgenössischen Leser den Verdacht weckte, er könnte es sein, dann darf man unter Berufung auf thematisch verwandte Texte in der antiken erotischen Lyrik die Frage stellen, ob Lesbias Liebhaber die auffallend vielen Küsse, die er sich von ihr wünscht, überhaupt auf den Mund bzw. nur auf den Mund gedrückt haben möchte. Denn in den Gedichten des römischen Dichters Martial, dessen lyrisches Werk mit demjenigen Catulls viele Motive gemeinsam hat, lesen wir mehrfach, dass Impotente sich zur Heilung von ihrem »Leiden« von einer Frau fellieren lassen und dass dies, wenn es zu einem solchen Zweck geschieht, von den Zeitgenossen im Sinne der römischen Geschlechterordnung als unmännlich angesehen wird; »männlich« ist es nur, wenn ein Mann mit bereits erigiertem Penis eine Frau oder einen Mann zur Fellatio zwingt, und genau dies zu tun droht ja der Sprecher von Gedicht 16 seinen beiden Kritikern.

Nun ist darauf hinzuweisen, dass Lesbia, die in Gedicht 5 und 7 um die zahllosen Küsse gebeten wird, aufgrund ihres Namens den Zeitgenossen als besonders begabte »Fellatrice« gelten musste und dass sie, die in den Gedicht 5 vorausgehenden Gedichten der Sammlung Catulls nur als »das Mädchen« bezeichnet wurde, jetzt erstmals mit »Lesbia« angeredet wird. Das Wort bedeutet nämlich »Frau aus Lesbos«, und von einer solchen hieß es in der Antike, sie sei zum Fellieren geradezu prädestiniert.

Die Griechen prägten zur Bezeichnung dieser Tätigkeit sogar das Zeitwort »lesbiázein«, also etwa »es (einem Mann) lesbisch machen« (was natürlich mit unserem Begriff »lesbisch«, der erst im 19. Jahrhundert geprägt wurde, nichts zu tun hat). Dass Catulls Lesbia durchaus in der Lage ist, ihrem Namen »alle Ehre zu machen«, geht, wie ich meine, aus den Gedichten 11, 58 und 79 hervor, auch wenn darin das Wort fellare (fellieren) nicht fällt. Es ist aber offenbar stets gemeint. Das kann ich hier nicht für alle drei Fälle belegen; das Beispiel von Gedicht 58 mag genügen. Das im Originaltext auf Lesbia bezogene Zeitwort glubere ist in der gesamten lateinischen Literatur nur zweimal belegt und in der Bedeutung umstritten. Aber wenn man es ganz einfach laut und artikuliert ausspricht, macht man zwangsläufig eine Mundbewegung, die zum Fellieren ähnlich gut geeignet sein müsste wie die Mundbewegung beim Aussprechen des griechischen Wortes lesbiázein. Ich übersetze deshalb wie folgt:

Caelius! Meine Lesbia, ja, die bekannte Lesbia,
sie, die einzige, die Catull mehr geliebt hat
als sich selbst und alle die Seinen,
lutscht jetzt an den Kreuzungen und in den Gassen
die Enkel des hochgemuten Remus (= die Römer).

Es dürfte deutlich geworden sein, dass die berühmten Gedichte Catulls, in denen der Sprecher der Geliebten erklärt, er möchte unzählige Male von ihr geküsst werden, dahingehend interpretiert werden können, dass Lesbia zum Fellieren aufgefordert wird. Wohlgemerkt: interpretiert werden können! Denn niemand muss die beiden Texte in diesem Sinne lesen. Über die Jahrhunderte hat man das ja auch nicht getan, und das war in bestimmter Hinsicht gut so. Denn die »romantische« Lesart hat bekanntlich ganz wesentlich dazu beigetragen, dass neuzeitliche Liebesdichtung in den sogenannten Vulgärsprachen eben die Gefühlsintensität, die man bei Catull zu entdecken glaubte, überhaupt entwickeln konnte; der römische Dichter darf als einer der wichtigsten Wegbereiter der europäischen Lyrik gelten. Aber antike Dichtung ist polyphon, d. h. die Texte enthalten mehrere Sinnebenen, die die Zeitgenossen mit feinem Gespür wahrnahmen. Wer Catulls erotische Gedichte mit den Augen dieser Leser zu betrachten versucht und dabei berücksichtigt, was man in Rom zu ihrer Zeit über das Verhältnis der Geschlechter, Virilität, die Rolle der Frau in einer sexuellen Beziehung und über Lebedamen wie Lesbia dachte, wird also gut daran tun, neuzeitliche Romantik und Empfindsamkeit von der Interpretation möglichst weit fernzuhalten und die obszöne Lesart, die ich zu begründen versucht habe, mindestens in Betracht zu ziehen. Denjenigen, die dazu bereit sind, können die Texte, die man heute immer weniger wahrnimmt, weil sie in einer ›toten Sprache‹ geschrieben sind, ausgesprochen lebendig erscheinen.

Henning Ziebritzki

Experimente mit dem Echolot
Zum Verhältnis von moderner Lyrik und Religion

Die moderne Lyrik ist ein Echolot für Religion. Die Lyrik im zwanzigsten Jahrhundert ist ein Schiff, das in den Wassern der Moderne mit einem Schallsender den Meeresboden anpeilt und durch den Widerhall Informationen über den Grund empfängt: Schätze und Leichen aus vergangener Zeit, Meerestiere, unbekannte Objekte, Wracks, feindliche Boote, etwas von der Gestalt einer Telefonzelle. Die Allegorie findet allerdings ihre Grenze, weil das Schiff der modernen Poesie nur aus Sprache besteht und sich in der Beziehung von Schall und Widerhall zum Grund selbst ständig verändert. Die Reflexionen, die die moderne Poesie vom Grund der menschlichen Existenz erhält, gehen in ihre Gestalten ein und geben ihnen ihre Kontur und Bedeutung. Das Lyrikschiff sondiert den religiösen Grund menschlicher Existenz.

Religion ist weder mit einem bestimmten religiösen Glauben identisch noch mit den Lehren einer kirchlichen Gemeinschaft. Religion grundiert das menschliche Dasein im »Gefühl einer schlechthinnigen Abhängigkeit«, wie es Friedrich Schleiermacher formulierte. Religiös zu sein bedeutet, der Erfahrung inne zu sein, dass der Mensch die Doppelstruktur von Freiheit und Abhängigkeit, die sein Leben ausmacht, nicht selbst gesetzt hat, sondern sie einem transzendenten Ursprung verdankt, der Gott genannt werden kann. Insofern diese Erfahrung in den Erfahrungen der Wirklichkeit, der Alltagswelt immer wieder aufscheint, ist Religion, mit Paul Tillich zu sprechen, das, »was einen Menschen unbedingt angeht«. Religion ist so gesehen ein Deutungsvorgang: Sie ist die Deutung von Wirklichkeitserfahrungen im Licht der Erfahrung des Unbedingten. Dass das menschliche Dasein endlich, vom Zufall bestimmt und partikular ist, diese Selbstdeutungen werden nur im Horizont einer Idee des Unbedingten plausibel. Und da der Widerspruch zwischen der Erfahrung des Unbedingten und den Welterfahrungen wesentlich zum menschlichen Dasein gehört, ist gerade die religiöse Existenz in ihrer Selbstdeutung von einer Widersprüchlichkeit geprägt, die Versöhnung sucht – und diese Struktur ist es, die etwa im Judentum oder im Christentum in den großen Erzählungen von Schöpfung, Sünde und Erlösung variiert wird.

Für das Verhältnis von Religion und moderner Lyrik bedeutet das: Die moderne Lyrik thematisiert Religion, weil sie die letzten Fragen, die Widersprüche der menschlichen Existenz in Vers und Bild formuliert. Moderne Lyrik – von Edith Södergran zu Adam Zagajewski, von Giuseppe Ungaretti zu Philippe Jaccottet, von Osip Mandel'štam zu Paal-Helge Haugen, von Rainer Maria Rilke zu Les Murray, von Charles Baudelaire zu Anne Sexton oder Allen Curnow – kann deshalb als »religiös« bezeichnet werden, weil sie sich der Erfahrung eines Unbedingten, der Transzendenz, stellt und dabei die letzten Fragen und Widersprüche unseres Daseins erhellt.

Moderne Lyrik spricht von der radikalen Abhängigkeit des Menschen, deckt seine tiefsten Widersprüche auf – zwischen Ich und Welt, Körper und Geist, Gut und Böse, Wahrheit und Lüge – und sucht Versöhnung im Wort. Im Hinblick auf die Theologie und die empirische Religion ließe sich die Behauptung sogar zuspitzen. Es könnte nämlich sein, wie Czesław Miłosz es in seinem Essayband »Hündchen am Wegesrand« (Carl Hanser Verlag, 2000) beurteilt, dass die zeitgenössische Lyrik als Ausdrucksform moderner religiöser Welterfahrung grundsätzlich adäquater ist als die begriffliche Sprache der traditionellen Theologie: »Das, was unser Leben und unser Innerstes am tiefsten berührt, nämlich die Vergänglichkeit des Menschen, die Krankheit, der Tod, die Armseligkeit der Überzeugungen und Gedanken, all das kann nicht in der Sprache der Theologie ausgedrückt werden, da diese seit vielen Jahrhunderten nichts anderes tut, als alle Aussagen zu einer glatten Kugel abzurunden, die sich leicht hin- und herrollen läßt, die man aber nicht fassen kann. Die Poesie des zwanzigsten Jahrhunderts hingegen ist dort, wo sie sich mit dem Wesentlichen befaßt, nichts anderes als ein Zusammentragen von Daten über die letzten Dinge im menschlichen Dasein, und dabei hat sie ihre eigene Sprache ausgebildet, die auch von den Theologen benutzt werden könnte – oder eben nicht.«

Natürlich ist es legitim, Lyrik auch im Hinblick auf inhaltliche und thematische Aspekte zu lesen. Es gilt zwar als verbreitete poetologische Meinung, dass ein Gedicht sich ausschließlich über seine Form definiert: Es stellt eine sprachliche Komplexität für sich dar, die ohne Verlust des Besonderen, die das Gedicht ist, nicht in irgendeine andere Weise des Sprechens überführt werden kann. »Ottos mops« und Rilkes Panther lassen sich nicht in Prosa übertragen. Und je weniger die Möglichkeit besteht, ein Gedicht ganz in andere Sprache zu übersetzen, weil seine Form mit ihm identisch ist, desto gelungener ist es. Einerseits. Aber andererseits ist ein Gedicht immer auch eine Einheit von Sprache und Motiven, Inhalten und Themen, die auf unsere Lebenswelt verweisen.

»Die Eigenheit und Andersheit von Dichtung ist«, wie David Constantine in seinem Essay »Gründe für Dichtung« (»Schreibheft« Nr. 52) bemerkt, »kein Indikator für ihre Ferne vom gewöhnlichen Leben. Im Gegenteil. Das Material der Dichtung ist ein gewöhnliches, der Gemeinplatz sogar, und der Sinn von Dichtung wirkt auf unsere gewöhnlichen Leben ein. Dichtung findet statt auf einer gemeinsamen Grundlage, eröffnet, wieviel es davon gibt, erweitert die Fläche. […] Und was das Thema betrifft: Keines ist a priori ungeeignet für Dichtung.« Anders gesagt: Gelungene Lyrik ist nicht nur bedeutend in der Form, in der komplexen Einheit von Vers und Bild, sondern bedeutend auch im Thema. Das heißt nicht, dass Lyrik sich immer sogenannten großen oder öffentlichkeitswirksamen Themen widmen müsste. Im Gegenteil, ein Leser ist verstimmt, wenn er wahrnimmt, dass Lyriker sich mit rhetorischem Gestus an Feuilletonthemen entlanghangeln.

Es geht im Gedicht aber auch darum, etwas bedeutend für die Erfahrung zu machen, das es ohne das Gedicht nicht wäre – und sei es ein Spätzchen an der Brust der Geliebten. Der Leser möchte mit dem Gedicht etwas erfahren, was er buchstäblich nur in dieser Form erfahren kann; aber er möchte etwas erfahren über sich, Gott und die Welt. Die Alternative von zwei »unversöhnlichen Grundpositionen« in der Lyrikdebatte, wie sie Ulrike Draesner vor einiger Zeit beschrieben hat (»lettre« Nr. 44), greift daher zu kurz. Es geht nicht um den Widerstreit zwischen »Belletristen«, die eine angeblich naive mimetisch-inhaltliche Sprachauffassung vertreten, und »Experimentellen«, die »Raum schaffen mit der Sprache, den es vorher, vor diesem Poem, nicht gab«. Genau das leistet jedes gelungene Gedicht, jenseits jener alternativen Sprachauffassungen, auch das sogenannte traditionelle. Und andererseits bleibt auch jede experimentelle Lyrik auf jenen Zusammenhang von Sprache und nichtsprachlicher Wirklichkeit bezogen, den es in seinem Bedingungsgefüge freilegt und variiert.

Wie also Kindheit, Liebe, Körperlichkeit, Geschlecht, Gewalt oder Tod Themen der Lyrik sein können, so auch Themen aus dem Bereich der Religion. Das sollte selbstverständlich sein, ist aber im Diskurs über Lyrik nach wie vor mit einem intellektuellen Tabu belegt. Jürgen Theobaldys jüngst erschiener Band »Immer noch alles« wurde, zu Recht, als Sammlung wunderbarer »Tiergedichte« gepriesen – aber ein Kritikerlob über »Gedichte von Gott«? Jährlich erscheinen allein in deutscher Sprache mehrere Anthologien mit »Gedichten von der Liebe« – aber gibt es eine ernst zu nehmende Anthologie zeitgenössischer religiöser Lyrik? Dass in einem Gedichtband ein »Leiden an Deutschland« artikuliert wird, gilt in einigen Feuilletons ungefragt als Qualitätsausweis – aber wer wagte, wenn es denn möglich wäre, vom »Leiden am Christentum« als Thema eines Gedichtbandes zu sprechen? Es erweckt in der Regel den Anschein einer peinlichen Ignoranz oder – schlimmer noch – der dogmatischen Vereinnahmung, wenn auf Religion als Thema zeitgenössischer Lyrik hingewiesen wird. Czesław Miłosz trifft die Situation mit seiner Diagnose in »Hündchen am Wegesrand« ziemlich genau: »Das Schreiben über Literatur und Kunst wird hoch geachtet, doch sooft sich dabei Begriffe aus der Sprache der Religion einschleichen, macht sich sofort ein leichter

Unwille breit, als hätte man mit einer stillen Übereinkunft gebrochen.«

Worin sind die Gründe dafür zu sehen, dass die Dimension des Religiösen aus dem Gespräch über Gedichte ausgeschlossen wurde? An der zeitgenössischen Lyrik liegt es jedenfalls nicht. Es gibt zwar keinen deutschsprachigen Lyriker von Rang, der beansprucht, religiöse Lyrik zu schreiben. Aber dennoch ist die deutschsprachige Lyrik ein riesiges unausgeschöpftes Reservoir von Reflexionen des Religiösen. Robert Gernhardt spiegelt in der vorliegenden Ausgabe Nr. 9 von DAS GEDICHT in seinem »Gespräch über den Tod« den Übergang eines Sterbenden in eine andere Welt, wie er – »So gehts nicht in den Tod« – nur dialektisch im Hinblick auf die Erfahrung eines »Jenseits« überhaupt noch vorgestellt werden kann. Friederike Mayröckers »tempelhüpfen«, dieses intensive Zwiegespräch mit dem walisischen Lyriker und Priester R. S. Thomas, und Ferdinand Schmatz' »pfingsten« variieren pfingstwortmächtig die Ausschüttung des Heiligen Geistes in existentielle Erfahrungen, wie der Evangelist Lukas sie in der Apostelgeschichte schildert. Franz Hodjaks »Ein ganz gewöhnlicher Montag« liefert ein aus den Nöten des Alltags geborenes Stück negativer Theologie, das sich in seinen Widersprüchen und Untiefen an die Apokalyptik anschließt. Volker Sielaff webt in seiner Lyrik die sinnlich wahrnehmbare Welt so fein und klar, dass die Transzendenz hindurchscheint.

Diese Beispiele ließen sich vermehren. Zeitgenössische Gedichte sind Meditationen, Kritiken, Karikaturen, Variationen, Reflexionen des Religiösen in verschiedener Art und Qualität; aber ihnen allen ist gemeinsam, dass sie ausdrücklich oder untergründig Bezüge auf das Religiöse aufweisen, die für ihr Verständnis und für ihre Deutung unabdingbar sind. Was die Motive, Inhalte und Themen betrifft, so gibt es zwischen der Lyrik, die zur Zeit geschrieben wird, und dem Religiösen unübersehbare Wesensverwandtschaften. Das beschränkt sich jedoch auf das einzelne Gedicht, das eine Motiv, die eine Anspielung. Anders als in fremden Sprachen – Czesław Miłosz im Polnischen, Ronald Stuart Thomas im Englischen, Roberto Juarroz im argentinischen Spanisch – gibt es in der deutschsprachigen Lyrik, vielleicht abgesehen von Peter Waterhouse, keinen großen Autor der Gegenwart, für den das Religiöse programmatisch eine entscheidende Rolle spielte.

Die Tabuisierung des Religiösen im Gespräch über Lyrik findet keinen Anhalt in der zeitgenössischen Lyrik selbst. Die Gründe dafür dürften vielmehr in den Koordinaten des Diskurses liegen, wie er sich in den letzten Jahrzehnten herausgebildet hat. Die deutschsprachige Lyrik nach dem Zweiten Weltkrieg, die religiös zu sein beanspruchte, etwa von Werner Bergengruen oder Rudolf Alexander Schröder, hat nie an die Standards der klassischen Moderne angeknüpft und ist in den siebziger Jahren unter den Verdacht einer restaurativen Ideologie geraten. Anders als etwa in der angelsächsischen Dichtung, in der sich hinsichtlich der Thematik des Religiösen Kontinuitäten und Dissonanzen von Thomas Stearns Eliot oder Wystan Hugh Auden bis zur zeitgenössischen Lyrik aufzeigen lassen, gibt es im deutschsprachigen Raum keine ernst zu nehmende Tradition der religiösen Lyrik in der Moderne. Ted Hughes' archaische Variation auf den christlichen Schöpfungsmythos »Crow. From the Life and Songs of the Crow«, R. S. Thomas' kontinuierliche lyrische Auseinandersetzung mit dem christlichen Glauben oder David Jones' sakramentale Abgründigkeiten finden in der deutschsprachigen Lyrik kein Pendant. Die deutschsprachige zeitgenössische Lyrik, die religiös zu sein beansprucht, ist, von Ausnahmen wie der Lyrik Kurt Martis abgesehen, praktisch nicht über den Status religiöser Gebrauchslyrik im kirchlichen Binnenraum hinausgekommen. Die Kritik hat sich deshalb jahrzehntelang nicht mit anspruchsvoller religiöser Lyrik auseinandersetzen müssen.

Auf der anderen Seite ist aber auch geltend zu machen, dass die theoretische Bedeutung des Religiösen im Gespräch über Lyrik offenkundig abgenommen hat. In der literarischen Debatte der letzten Jahrzehnte haben sich, vom akademischen Diskurs bis zum Provinzfeuilleton, Theorien durchgesetzt, die weitgehend auf zwei Annahmen basieren: der Auflösung des Subjektes und der Lösung der Sprache von der Wirklichkeit. Der Schreibprozess wird als Entwicklung von Sprachformen verstanden, die sich weder der Herkunft aus einem Subjekt verdanken noch in einem mimetischen Verhältnis zur Wirklichkeit stehen, sondern eine freie Kristallisation der verselbstständigten Wörter darstellen.

George Steiner hat diese Auffassung in seinem Essay »Von realer Gegenwart« (Carl Hanser Verlag, 1990) einer glänzenden Kritik unterzogen. Er hat vor allem scharf gesehen, dass mit der Verabschiedung des Subjektes und der Lösung des Kontraktes zwischen Sprache und Wirklichkeit die religiöse Dimension der Literatur negiert wird. Denn erst durch den doppelten Bezug auf ein verantwortliches Subjekt und die vorgegebene Wirklichkeit erhält Dichtung ihre spezifische »Bedeutung«: »Das Problem ist ganz einfach das der Bedeutung von Bedeutung, wie sie bestätigt wird vom Postulat der Existenz Gottes.« Die Ausblendung des Religiösen aus dem Gespräch über Literatur hat Folgen. Nicht nur dass die für die Neuzeit grundlegende Unterscheidung von Religion, Christentum und Kirche, die erst eine angemessene Platzierung und Beschreibung von Phänomenen und Problemen ermöglicht, für das Gespräch über Literatur praktisch keine Rolle spielt. Es fehlt damit vor allem das begriffliche Instrumentarium, um in Gedichten die religiöse Dimension als solche überhaupt zu identifizieren und kritisch zu bewerten.

Nur vor diesem doppelten Hintergrund, der fehlenden Tradition einer ernst zu nehmenden religiösen Lyrik und der Vernachlässigung des Religiösen im Gespräch über Lyrik, ist es zu verstehen, dass von der Kritik vor einiger Zeit in einem Gedichtband wie »Kiosk« von Hans Magnus Enzensberger die religiöse Thematik komplett übersehen werden konnte. Symptomatisch, dass der einzige Kritiker, der den Sachverhalt wahrnahm, Joachim Kaiser, seine Kritik mit der verschämten Frage »Ja, darf der denn das?« eröffnete.

Dass unsere Wirklichkeit und die Sprache in einem Korrespondenzverhältnis stehen, diese Sicht hat jüngst Inger Christensen in ihrem Essayband »Der Geheimniszustand und Gedicht vom

Tod« (Carl Hanser Verlag, 1999) erläutert. Für Christensen weist die Struktur der Sprache darauf hin, »daß wir von vornherein in der Welt getragen sind von einer unerschöpflich großen, immer existierenden Vergleichsgrundlage«. Der Autor erscheint in dieser Sicht der Dinge nicht als der Schöpfer von etwas beziehungslos Neuem, sondern als der, der mit der Sprache Zusammenhänge entdeckt, die zwischen den Dingen und den Dingen und der Sprache schon bestehen, und so eine neue Sicht auf unsere Wirklichkeit ermöglicht. »Wir glauben indessen, es sei immer an uns, die Wörter in Sätze und Gegensätze zu ordnen, ehe das Ganze sich ordnet. Nichts kann verkehrter sein. Die Ordnung, zu der wir uns hinzuordnen versuchen, gibt es vorher. […] Wir erfinden eine bestimmte Sehweise, welche die Dinge für uns ordnet, aber ohne zu verstehen, daß diese Sehweise bereits eine Ordnung ist.«

Eben diesen Zusammenhang bildet die Poesie in ihren Strukturen ab. Autorschaft bedeutet, in den »Geheimniszustand« einzutreten, in das »Mysterium«, das dem Schreibenden vorgegeben ist, »weil man in der Dichtung gezwungen ist, die Sprache in ihrer ganzen Verbundenheit mit der Wirklichkeit zu benutzen.« Durch die Chiffre »Gott« wird für Christensen, ähnlich wie bei George Steiner, der geheimnisvolle Zusammenhang von Wirklichkeit und Sprache aufgezeigt. Als Menschen seien wir »nur einzigartig, weil wir das Wort Gott benutzen«. Es ist die Grenze der Lesbarkeit von Wirklichkeit und die Grenze unserer Sprache, die die Welt liest, an der Gott ins Spiel kommt. »Hier, unterwegs, führen wir das Gespräch zwischen Mensch und Weltall, zwischen Lesbarkeit und Unlesbarkeit, das wir versuchsweise Gott nennen.« Die Besonderheit von Inger Christensens Lyrik kann darin gesehen werden, dass sie, wie etwa in »alfabet«, die Struktur der Wirklichkeit, wie sie mittels der Sprache gelesen wird, in der Struktur ihres Gedichtes abzubilden versucht.

Wie der Zusammenhang von Poesie und Wirklichkeit religiös grundiert ist, so kann auch die Struktur der modernen Poesie in einer Analogie zur Struktur der religiösen Erfahrung gedeutet werden. Denn die moderne Lyrik zielt in ihren Formen, anders als Lyrik in anderen Epochen, bewusst auf das, »was sich in eindeutigen Wortfunktionen nicht ausdrücken läßt« (Paul Valéry), was aber gleichwohl beansprucht, Sinn zu machen – worin immer der auch bestehen mag. Hier hat das durchgehende Wechselspiel von Undurchsichtigkeit und Luzidität, das für die moderne Lyrik charakteristisch ist, seinen Ort. Die Poesie der Moderne setzt durchgehend Sinn nicht mehr voraus, sondern entwirft Projektionen von Sinn, die fragmentarisch, gebrochen, vorläufig bleiben. Eine ähnliche Struktur lässt sich für die religiöse Selbstdeutung aufzeigen. Denn die Unbedingtheit eines Sinnes, der für die religiöse Erfahrung kennzeichnend ist, kann immer nur an der konkreten Erfahrung des Einzelnen thematisiert werden. Das ist der Grund dafür, dass die religiöse Erfahrung, ähnlich wie die moderne Lyrik, zwischen dem Anspruch auf Sinnhaftigkeit und der Unmöglichkeit oszilliert, diesen Sinn adäquat auszudrücken. Es ist vermutlich tatsächlich angemessen, die moderne Lyrik mit ihrer zerrissenen Sinnhaftigkeit für das angemessene Ausdrucksmedium der religiösen Erfahrung in der Moderne zu halten. Und aufgrund dieser Analogie lässt sich mit George Steiner sagen, dass sowohl die Poesie wie auch die Religion als ein »Setzen auf Transzendenz«, »ein Setzen auf Gott« gedeutet werden können, in dem beides seinen Grund hat: die Anvisierung von Sinn ebenso wie seine vorläufige, widersprüchliche Darstellung.

Es dürfte vor diesem Hintergrund kein Zufall sein, dass sich die Entwicklung der modernen Lyrik primär im Medium des lyrischen Bildes vollzogen hat. Wie die Malerei der Moderne sich an ihrem Anfang in Form und Farbe ausdifferenziert hat, so treten in der modernen Lyrik Vers und Bild aus ihrer traditionellen Einheit und gehen neue Konfigurationen ein, die jeweils vers- oder bilddominiert sind. Dabei ist es in besonderer Weise das lyrische Bild, das für den Wirklichkeitsbezug und die religiöse Dimension der Poesie entscheidend ist.

Als Bild kann allgemein eine sprachliche Einheit von Bedeutungsvielfalt verstanden werden. Diese Definition hat Octavio Paz in seinem poetologischen Essay »Der Bogen und die Leier«

(Suhrkamp Verlag, 1983) vorgeschlagen, der die treffendsten Beobachtungen zum lyrischen Bild enthält, die ich kenne. Dass im Bild der Poesie Bedeutungsvielfalt vereint wird, heißt zugleich, dass in ihm verschiedene, ja widersprüchliche Wirklichkeiten in ihrer Differenz und Beziehung zueinander gesehen werden. Daher hat das lyrische Bild epiphanischen Charakter: Es zeigt und lässt sehen, was anders, ohne dieses Bild, nicht gegenwärtig wäre. Der Sinn des lyrischen Bildes fällt mit ihm selbst in eins. »Das Bild erklärt sich selbst«, wie Octavio Paz schreibt, »Nichts außer ihm kann sagen, was es sagen will. Sinn und Bild sind dasselbe. Ein Gedicht hat nicht mehr Sinn als seine Bilder.«

Diese Doppelstruktur des lyrischen Bildes, seine nicht zurückführbare Sinnhaftigkeit und die Einigung von widersprüchlicher Bedeutung, ist der Grund dafür, dass sich in ihm die religiöse Erfahrung strukturell spiegeln kann. »Wir sind auf einem Fest, das uns nicht liebt« – ein lyrisches Bild wie dieses von Tomas Tranströmer ist der perfekte Ausdruck für die religiöse Erfahrung, die darin besteht, dass wir unserer Existenz einen Sinn geben müssen, der ihre Widersprüche gleichwohl nicht zu lösen vermag, sondern sie nur umso schärfer hervortreten lässt.

Die strukturelle Analogie von moderner Poesie und religiöser Erfahrung würde es wahrscheinlich sogar möglich machen, die gesamte Geschichte der modernen Poesie als Gespräch von Gott und der Beziehung des Menschen zu ihm zu lesen. Denn für das Verhältnis von »Dichtung und Religion« gilt, was Les Murray in seinem gleichnamigen Gedicht so formuliert: »*Es ist derselbe Spiegel: / beweglich, aufblitzend nennen wir es Dichtung, / / um eine Mitte verankert nennen wir es eine Religion, / und Gott ist die Dichtung, die in jeder Religion gefangen wird, / gefangen, nicht eingesperrt.*« (»Ein ganz gewöhnlicher Regenbogen«, Carl Hanser Verlag, 1996).

Wenn im Bild der Echolot-Affinität das Verhältnis von Religion und moderner Lyrik halbwegs angemessen abgebildet ist, dann kann damit zwei weit verbreiteten Missverständnissen begegnet werden. Die moderne Lyrik ist nicht selbst Religion, auch wenn es gerade eine im zwanzigsten Jahrhundert zu beobachtende Fehldeutung von Dichtern ist, sich selbst als Priester einer elitären Sekte zu inszenieren, die das reine oder hohe oder eigentlich wahre Wort der Poesie verbreitet. Denn der religiöse Grund geht zwar in das Gedicht ein und bleibt in ihm anwesend; lächerlich aber wird es, wenn der Autor über dieses Verhältnis verfügen zu können meint oder seinen Texten eine quasireligiöse Würde zuschreibt und das ausdrücklich in Szene setzt, im Kreis seiner »Jünger«, in der Theorie oder bei Lesungen. Die Autonomie der modernen Lyrik ist aber andererseits auch nicht so zu verstehen, dass Lyrik von allen religiösen Bezügen zu emanzipieren wäre. Denn die Eigenständigkeit verschiedener gesellschaftlicher Bereiche wurde nicht gegen ›die Religion‹ erkämpft, sondern gegen den gesellschaftlichen Dominanzanspruch der christlichen Kirchen – ein Prozess, der mit der Aufklärung im wesentlichen abgeschlossen wurde. Nur ein Narr könnte behaupten, dass im Europa der Gegenwart mit seiner historisch einmalig aggressiven Ökonomisierung aller Lebensbereiche und auch des inneren Menschen irgendeine Gefahr für die Poesie von den empirischen Religionen ausginge.

Religion als Indikator für unbedingten Sinn, für das, was einen Menschen letztlich angeht, bleibt der Existenz eingeschrieben. Poesie wie Religion dürften in der Zukunft nicht zuletzt auch darin übereinkommen, dass sie Reservate eines im alteuropäischen Sinne verstandenen Humanum sein werden, in einer Welt, die längst dazu übergegangen ist, das Bild des Menschen immer schneller auszulöschen.

Kurt Marti
POESIE IST MORAL. FAST EIN MANIFEST

Das 20. Jahrhundert war ein Jahrhundert sich potenzierender Gewalt auf fast allen Ebenen der Zivilisation. Wenn Moral Verneinung, Verhinderung, zum mindesten aber Verurteilung und Eindämmung von Gewalt bedeutet, so war das vergangene Jahrhundert ein Saekulum moralischer Niederlagen. Meine These lautet: Inmitten von Gewaltrechtfertigung und Gewaltverherrlichung ist die Poesie vergleichsweise integer geblieben (was sich von Literatur im allgemeinen nicht unbedingt behaupten lässt). Ich bin nicht in der Lage, das analytisch nachzuweisen, muss mich deshalb auf Thesen beschränken. Sie betreffen die politische Gewalt, die ökonomische Gewalt und die Gewalt gegen die Natur. Gegenüber diesen Erscheinungsformen der Gewalt erwies sich die Poesie als das »unschuldigste aller Geschäfte« (Hölderlin). Das ermutigt mich zur Behauptung, dass Poesie ihrem Wesen nach Moral oder eine – zugegeben: kryptische – Form von Moral ist, auch und gerade dann, wenn es sich keineswegs um ›moralische‹ oder moralisierende Poesie handelt.

Es hat nicht an Versuchen gefehlt, mit Gedichten eine Gewaltideologie schönzureden, Gewaltherrscher zu verherrlichen, Kriege zu rechtfertigen oder positiv zu mythisieren. »Endlich ein Gott!« schrieb sogar Rilke nach dem Kriegsausbruch 1914 (als man freilich noch kaum zu ahnen vermochte, welche Dimensionen dieser und der folgende Krieg annehmen würden). Haben aber nicht auch Dichter von einigem Rang Hymnen auf Hitler oder Mussolini und Oden auf Stalin verfasst? Wie aber kommt es, dass diese Gedichte samt und sonders ästhetisch misslungen, aus der literarischen Überlieferung und selbst aus dem Gedächtnis und den gesammelten Werken der Autoren verschwunden sind? Es waren blamable, miserable Gedichte. Ich kenne kein einziges gutes Gedicht, das Gewalttäter und Gewalttaten rühmt, ästhetisiert oder auch nur rechtfertigt. Es scheint, als ob gute Gedichte dergleichen Inhalte gar nicht erst zulassen, von vornherein abstoßen würden. Wie ist das zu erklären? Was für sprachphysikalische Reaktionen, welche ästhetischen Automatismen sind da am Werk? Das wüsste ich gern, finde aber keine Erklärung, höchstens die Andeutung einer solchen in einer Notiz des Dichter-Malers Otto Nebel: »Die Kraft im Schönen ist dessen Gewaltlosigkeit« Ist's vielleicht diese Kraft, die auch im Wortkunstwerk poetische Rühmungen oder Verklärungen von Gewalt und Krieg, von Gewalttätern und Gewaltsystemen dank einer Art immanenter Nemesis strengstens mit Misslingen bestraft? Schönheit verträgt sich mit keiner Beschönigung, erst recht nicht mit der Beschönigung von Gewalt. Im gelungenen Gedicht werden Ästhetik und Ethik eins. Poesie ist Moral.

Im Warenkreislauf des globalen Markts, auch Literaturmarkts, spielt die Poesie keine relevante Rolle, nicht zuletzt deswegen, weil Gedichte nur schwer von einer Sprache in andere Sprachen übertragbar und mithin nicht bestsellerfähig sind. Als weiterer Marktnachteil kommt hinzu, dass Poesie kaum verfilmbar, deshalb auch nicht fernsehtauglich ist. Lauter Handicaps! Wird das Internet sie vielleicht beheben können? Ich glaube eher nicht. Gedichte dürften schwer vermarktbar bleiben. Sie vermögen der Forderung nach schneller (Waren-) Zirkulation nicht zu entsprechen, wollen im Gegenteil dauerhaft sesshaft werden im Gedächtnis, im Gehirn, auch in den Sinnen meditationsfähiger Leserinnen und Leser. Darum ist mit Gedichten kein schneller und großer Umsatz zu erzielen und schrecken Verleger vor ihnen zurück. Doch gerade dank ihrer merkantilen Irrelevanz hat sich die Poesie so etwas wie Unschuld bewahren können inmitten des allgewaltigen Marktes. Ihre Gewaltresistenz und Marktwidrigkeit verhilft der Poesie (ungesucht? ungewollt?) zu einer moralischen Position – sofern Moral zu begreifen ist als Abkehr von der Gewalt und als Widerstand gegen sie.

Geschichte ist weithin Gewaltgeschichte. Gibt's, psychologisch betrachtet, eine menschliche Gewaltkonstante durch die Jahrhunderte hindurch? Gesteigert hat sich vermutlich nicht die Gewaltwilligkeit, wohl aber die Effizienz der Instrumente, über die sie heute verfügen kann. Dabei ist nicht allein an die Waffenentwicklung zu denken, sondern ebenso und noch mehr an die umfassende Gewaltpraxis gegen alle natürlichen Lebensressourcen und Lebensgrundlagen. Bereits 1916 ahnte Theodor Däubler: »Wir lasten auf der Welt, wir sind der schwerste Alp auf Erden.« Inzwischen ist der Vernichtungsfeldzug gegen alles Lebendige weit fortgeschritten. Die Poesie allerdings scheint sich an ihm nicht beteiligen zu können. Etwas in ihr selbst hindert sie daran. Anders als Ökonomie und Technik und die ihr dienstbar gewordenen Naturwissenschaften, eher in der Spuren alter Naturkulte, setzt sie auf einen Gesprächsumgang mit der Natur. Ist ein solcher außerhalb kultisch-kollektiver Überlieferungen und Rituale, allein nur auf individueller Basis und inmitten einer imperialen Gewaltpraxis contra naturam noch möglich? Zweifel daran, Skepsis und Trauer auch begleiten die moderne Dichtung. Fest steht dennoch: Wer die Hoffnung nicht ganz aufgeben kann, die Natur könne und werde mit uns sprechen, wenn wir nur Ohren für sie hätten, wird sie nicht zur leblosen Manipulationsmasse verdinglichen können, auch nicht in Gedanken, Worten. Es scheint, dass dieses Nicht-Können eine Art innerer Richtschnur, eine Art Entstehungsgesetz der Poesie ist – oder eben: ihre Moral. Bis heute ist Poesie eine Krypto-Animistin geblieben, die der gängigen Verdinglichung und Vermarktung der Natur mit atavistischer Zähigkeit widersteht. Für sie ist die Natur bis heute insgeheim ein Subjekt geblieben, das zu uns ›spricht‹. Faschistische und sowjetische Techno-Lyrik feierte einst die Unterwerfung der verdinglichten und verdingten Natur unter die imperiale Herrschaft des homo oeconomicus als epochale Triumphe des Fortschritts. Doch wer erinnert sich dieser Gedichte noch? Die immanente Nemesis der Poesie hat dergleichen Gewalthymnik mit ästhetischem Misslingen und endgültigem Vergessenwerden bestraft. Die gewaltfreie Kraft im Schönen ist zugleich ein Plädoyer für die Schonung all dessen, was lebt und auf seine nicht-anthropozentrische Weise Subjekt ist. Die Wortverwandtschaft zwischen ›schön‹ und ›schonen‹ ist nicht zufällig. Sie verrät etwas über die Ethik des Schönen, über die Moral der Poesie. Auch in ökologischem Zusammenhang scheint sich demnach die Behauptung zu bewahrheiten: Poesie ist Moral.

Portrait

Ulrich J. Beil

»Lyric of belatedness« oder Wer hat Angst vor John Ashbery?

Wer John Ashbery liest – und es ist gefährlich, ihn regelmäßig zu lesen, ihn allzu gut zu kennen –, kann mehr und mehr den Eindruck gewinnen, daß mit ihm jener ›point of no return‹ erreicht sei, von dem bei Canetti einmal die Rede ist: Die gesamte lyrisch-metaphysische Tradition des Okzidents scheint dann von diesem Autor stigmatisiert, und es ist, als beeinflusse er jene Dichter, denen er das meiste verdankt (sei es Lukrez oder Wordsworth, Rimbaud oder Stevens) ebenso wie diese ihn – oder doch zumindest die Art, in der wir sie lesen. Im Blick auf ein nicht mehr transzendentes, sondern transatlantisches Drüben, auf eine Erfahrung der Ortlosigkeit, in der all das, was dem abendländischen Kontinent einmal heilig war, aufgehoben ist (im doppelten, Hegelschen Sinne), ließe sich Ernst Bloch zitieren: »Wer einmal wahrhaft drüben war, kehrt nicht mehr heil zurück.«

Gegen die Gefahr, John Ashbery zu gut zu kennen und seiner postmetaphysischen Magie zu erliegen, wappnete sich das deutsche Publikum bislang mit erstaunlichem Erfolg. Die drei auf deutsch erschienenen Lyrikbände »Selbstporträt im konvexen Spiegel«, »Eine Welle« und »Hotel Lautréamont[1]«, fristen ein kümmerliches Dasein in Katalogen, Bibliotheken und Antiquariaten. Als Ashbery 1992 der Horst-Bienek-Preis für Lyrik von der Bayerischen Akademie der Schönen Künste verliehen wurde, war in den Zeitungen hilflos von einem »unbekannten amerikanischen Autor« die Rede. Auch wenn es im Grunde eine Anmaßung ist, John Ashbery vorstellen zu wollen – einen Dichter, zu dessen Werk schon 1975 eine 240-seitige Bibliographie publiziert wurde – so erscheint dies heute noch genauso notwendig wie vor anderthalb Jahrzehnten. Damals hatte Joachim Sartorius, neben Klaus Martens der wohl ausgewiesenste Kenner dieses Oeuvres, über den Ashbery-Boom in anderen Ländern und die bundesrepublikanische Ashbery-Abstinenz (im Nachwort zu

»Selbstporträt im konvexen Spiegel«) folgendes bemerkt: »John Ashbery, der im amerikanischen Sprachraum neben Ferlinghetti und Ginsberg als einflußreicher und bedeutendster Dichter dieser Jahre gilt, ist hierzulande terra incognita geblieben. [...] In New York war Ashbery, befreundet mit Frank O'Hara, Kenneth Koch, mit Larry Rivers und den Malern der New York School, schon Anfang der fünfziger Jahre ein Teil der Szene. Von den dreihundert Exemplaren seines ersten, 1953 erschienenen Lyrikbandes »Turandot and Other Poems« fanden zwar nur wenige einen Käufer. Aber nach fünf weiteren Gedichtbänden holte Ashbery erfolgreich zum literarischen Grand Slam aus. Mit einem Streich, dem »Self-Portrait in a Convex Mirror«, heimste er – was vorher noch keinem US-Poeten gelungen war – die drei wichtigsten amerikanischen Literaturpreise, den National Book Critics Circle Award, den National Book Award und den Pulitzer Price for Poetry, ein. Ashbery avancierte zur Kultfigur. [...] In Kanada und Australien etablierten sich regelrechte Ashbery-Schulen; junge Poeten, die à la J. A. schreiben. Der Penguin-Verlag nahm sich seiner schmalen Bände an, so daß der Leser sie unter bekanntem Signet auch im Supermarkt und am Bahnhofskiosk kaufen kann. Elliot Carter vertonte Ashberys Poem ›Syringa‹; die Uraufführung in der Avery Fisher Hall Ende 1978 erbrachte Ovationen. Ashberys Ruhm, d. h. die Kenntnis seiner poetologischen Eigentümlichkeiten, ist nun schon so verbreitet, daß sich Amerikanisten und Englischprofessoren [...] mit offensichtlichem Vergnügen in Parodien und Pastiches versuchen, während Bostoner und New Yorker Antiquariate für seinen selten gewordenen Erstling »Turandot« mittlerweile 400 Dollar und mehr verlangen.« Soweit Joachim Sartorius, anno 1980. Da alles dafür spricht, daß die Ashbery-Leser sich hierzulande nach wie vor in der Diaspora befinden, sehe ich mich noch zu folgenden lexikalisch-trockenen Zeilen genötigt: J. A., 1927 in Rochester am Ontario-See geboren. Studium der Anglistik und der französischen Literatur in Harvard und an der Columbia University in New York. Seit den 50er Jahren starkes Interesse an der Malerei. Von 1955 bis 1965 Kunstkritiker für die »New York Herald Tribune« und »Art International« in Paris. Bis 1972 dann Herausgeber von »Art News«. Seit 1974 Professor for

Creative Writing am Brooklyn College. Seit 1978 Kunstkritiken im »New York-Magazine«. Zahlreiche Bücher mit Gedichten, Prosagedichten, Dialogen und ein Roman (zusammen mit James Schuyler), Titel: »A Nest of Ninnies« (dt. 1990).

Von einem Moment des Verspätetseins und des Danachkommens kann bei John Ashbery, jenseits der modischen Postismen, in mehrfacher Hinsicht die Rede sein. Als symptomatisch für diese Struktur darf schon die Tatsache gelten, daß Ashbery den Yale-Younger-Poets-Price für seinen frühen Gedichtband »Some Trees« (1956) gewissermaßen nachträglich zugesprochen bekam, nachdem, Klaus Martens zufolge, »die in einem ersten Durchgang eingesandten Manuskripte aller Bewerber, einschließlich Ashberys, abgelehnt worden waren. Wystan Hugh Auden, Preisrichter und einer der großen Lyriker der Moderne, verlieh schließlich Ashbery den Preis, als dieser nach der negativen Entscheidung sein Konvolut noch einmal einschickte« – derselbe Auden, der später einem Freund gestand, er habe nie ein einziges Wort aus der Feder Ashberys verstanden. Harold Bloom, der Ashberys Werk wie kaum ein anderer bedeutender Literaturwissenschaftler über die Jahre hin beobachtet und kommentiert hat, wies wohl als erster auf dessen »lyric of belatedness« hin, dieses Paradigma des »Crisis-poems«, wie wir es aus der Tradition Wordsworths und Whitmans kennen. Der Begriff der »belatedness« hat in Amerika freilich einen besonderen Klang, und gerade in Deutschland, einem Land mit »verspäteter« Klassik, wird man ihn kaum überhören können. Der Autor kommt selbst gelegentlich auf dieses Thema zu sprechen, etwa in seinem Gedicht »As You Came from the Holy Land«, wo es heißt: »*remember you are free to wander away / as from other times other scenes that were taking place / the history of someone who came too late [...]*« Aber es ist nicht damit getan, Ashbery ein spätromantisches oder sentimentales Selbstverständnis zu unterstellen. Im Werk dieses Autors wird um höhere Einsätze gespielt. So wird man sich aus der Perspektive der ›belatedness‹ darüber hinaus an Ashberys radikale Verweigerung von Unmittelbarkeit – einst die differentia specifica des lyrischen Genres – annähern können, man wird für seine Neigung zur Diskursivität und zu nicht-emphatischem Sprechen Verständnis entwickeln, nicht zuletzt für das höchst private, aus dem »stream of consciousness« herausgearbeitete Idiom. Ein Idiom übrigens, das der Autor auf eine Weise radikalisiert, daß es kaum merklich umzuschlagen scheint in eine öffentliche, das gesellschaftliche Unbewußte akribisch verzeichnende Sprache. Wenn Adorno recht hat, und »die in Objektivität umschlagende Subjektivität« die »spezifische Paradoxie des lyrischen Gebildes« ist, so darf Ashbery zu den vollendetsten Gestaltern dieser Paradoxie gerechnet werden: keine »Tyrannei der Intimität«, die die Öffentlichkeit zerstört, sondern eine Subjektivität, die so vielstimmig, großzügig, plural, transparent geworden ist, daß wir alle an ihr teilhaben können. Der »anxiety of influence«, die nach Harold Bloom den zu spät Gekommenen peinigt, begegnet dieser Autor mit dem Versuch, die Nicht-Authentizität seines Schreibens ins Offensive zu kehren und die kontinentale Subjektivität durch eine gleichsam ozeanische zu ersetzen.

Vor allem aber geht es vielleicht darum, das bis heute latent fortwirkende romantische Projekt einer Vollendung des Kunstwerks durch die Interpretation ins Wanken zu bringen und der hermeneutischen Eschatologie das letzte Wort streitig zu machen. Schon 1968 hatte Ashbery davon gesprochen, daß der Künstler heute vor allem gegen Akzeptanz zu kämpfen habe. Und von seinem neuen, 216 Seiten umfassenden Mammutgedicht »Flow Chart« (1991) bemerkt Sartorius, es nehme sich wie ein »letzter, weiträumig angelegter Versuch« aus, »die Kritiker zu verunsichern und in die Flucht zu schlagen«. Danach zu kommen, heißt dann, den Leser oder Interpreten mit allen Mitteln daran zu hindern, diese Texte begrifflich zu überholen und ihnen das eigene theoretische Telos als Ursprung einzuschreiben. Der Analytiker selbst soll es sein, der mit seinen Anstrengungen als vielleicht letzter Mythenbildner anachronistisch hinter den autopoetischen Prozessen dieser Gedichte zurückbleibt.

Aber mit welchen Mitteln wird diese Verweigerung ins Werk gesetzt? Wer, aus deutschen Traditionen kommend, eine gesteigerte Paradoxierung und Hermetisierung der Metapher, also extreme

Verknappungsvorgänge erwartet, wird von Ashbery ebenso enttäuscht wie derjenige, der auf Konkrete Poesie oder schlichte bis banale alltagssprachliche Wendungen spekuliert. Tertium non datur? Auch wenn es verwegen erscheinen mag, einen Repräsentanten des ›long poem‹ mit einem besonders kurzen Gedicht (aus dem deutschen Band »Eine Welle«) vorstellen zu wollen – es geht an diesem Punkt nur darum, einen kleinen Eindruck von der Verwirrung zu vermitteln, die Ashberys Texte unter ordentlichen Lesern anzurichten pflegen:

> *Und sie müssen es hinbekommen. Uns genügt*
> *ein bißchen Glück, und wenn die klugen Dinge*
> *angegangen werden (O, hat der Mund diese Buchstaben*
>   *geformt?*
> *Warum bloß sollen wir ihn bedrängen?) als die letzte schmale*
>   *Biegung*
> *(»endgültig die letzte«, sagen sie) vor dem Dunkel:*
> *(Der Himmel ist rein und matt, das Pflaster noch feucht) und*
>
> *das Träufeln ist in den Wänden, im Schlaf*
> *selbst. Was ich sagen will: davor, vor mir*
> *gibt es kein Entrinnen. Die Nacht ist selbst Schlaf*
> *und was sich in ihm abspielt, das Benennen des Winds,*
> *unsere Zettel füreinander, immer wiederholt, immer die*
>   *gleichen.*

Ashbery versteht es meisterhaft, den Leser, insbesondere den noch nicht eingeübten, durch »unverantwortlich sprunghaften Wechsel von Sinn und Themen« zu verärgern oder zu verwirren. Übersetzer Joachim Sartorius schildert seine ersten Lese-Eindrücke so: »Ich dachte an das Ende eines Theaterstücks, Personen in hellen Kleidern aus einer längst vergangenen Situation, die Unzusammenhängendes sagen. Ich dachte an ein sehr akkurates Bild von einer New Yorker Loft-Party, wo alle betrunken zusammenhanglos reden. Es ist noch Gedanke, aber kein kohärenter mehr ...« Doch schon wenig später kann es sein, daß einen die gleichen Texte in Trance versetzen, daß man glaubt, in ihnen artikuliere sich das eigene Unterbewußte. Um die Schwierigkeiten zu erklären, in die uns die Lektüre eines solchen Gedichtes verstrickt, gilt es zunächst zu beobachten, was wir tun: So suchen wir vergeblich nach einem Thema, einer Intention, einer wie auch immer verqueren Logik, wir suchen nach einer Metapher oder wenigstens nach ihrer Zertrümmerung. Aber nichts von alldem wird bei Ashbery geboten. Das Gedicht spricht mit uns, fast scheint es zu plaudern, und einen Moment lang glauben wir zu verstehen. Und doch gilt, was Ashbery an anderer Stelle so ausgedrückt hat: »Du verfehlst es, es verfehlt dich. Beide verfehlt ihr euch.« Was nach all den Fehlanzeigen noch übrigbleibt, ist etwas anderes, nämlich jene rhetorische Trope, die man, in Ermangelung eines genaueren Begriffs, Metonymie genannt hat. Es braucht wohl nicht eigens darauf hingewiesen zu werden, daß der Hermeneutiker nun mit seiner Weisheit am Ende ist. Wie sich an dieser Stelle behelfen? Es sind die russischen Formalisten, die uns die Möglichkeit geben, diese radikal offenen, heterogenstes Material aus Alltag und Kulturgeschichte einflechtenden Langgedichte zumindest auf ihre Schreibweise hin zu betrachten. Sie erlauben es uns, wahrzunehmen, wie die Kontiguitätsverknüpfung zu einem häufig wiederkehrenden, ja beherrschenden Gestus wird. Zeigt es sich doch, daß die Wörter in eher zufälligen, bestenfalls assoziativen Kombinationen auftreten und daß, wer nach Ähnlichkeitsbeziehungen – d. h. Metaphern – Ausschau hält, nur sehr bedingt auf seine Kosten kommt. Mit einer Lacanschen Formel, die den Gegensatz von Metapher und Metonymie verdeutlicht, könnten wir sagen: Fast überall dort, wo wir eine Verdichtung vermuten, geraten wir sogleich in ein Gefüge von Verschiebungen. Und – umgekehrt – fast überall dort, wo wir uns in einem semantischen ›waste land‹ zu befinden scheinen, tut Ashbery, als seien all seine Zufälle auch als die letzten neuplatonischen ›correspondances‹ lesbar, als Reminiszenz an die magische Ordnung der Dinge. Die Spannung zwischen diesen beiden Varianten der Metonymie – man könnte sie die ironische und die synekdochische nennen – begleitet uns, solange wir Ashbery lesen. Sie aufzuheben heißt nichts anderes, als die Lektüre zu beenden.

Es scheint, als sei es gerade diese Spannung, dieses doppelte Spiel gewesen, was die deutschen Leser an dem Amerikaner irritierte.

Hatten und haben sie Angst vor John Ashbery? Wirft man einen Blick auf die hiesige Ashbery-Rezeption, so trifft man auf eine jahrzehntelange, in ihrer Konsequenz geradezu beeindruckende Enthaltsamkeit. In Rolf Dieter Brinkmanns für die Rezeption der amerikanischen Szene wichtigen Anthologien »Acid« und »Silver Screen« (beide 1970) zum Beispiel wird man vergeblich nach einem Gedicht Ashberys suchen, auch wenn der Herausgeber zugestehen muß, daß Ashbery neben Frank O'Hara »den intensivsten Einfluß auf die Generation nach 1940« ausgeübt und somit eine »Aufnahme verdient« habe. Dennoch wird Ashbery, wie schon in den jeweiligen Amerika-Dossiers in den »Akzenten« (1958/59) lediglich mehr oder weniger respektvoll erwähnt, aber man erteilt ihm nicht wirklich das Wort. Einzige Ausnahme: die von Gregory Corso und Walter Höllerer 1961 herausgegebene Anthologie »Junge amerikanische Lyrik«. Erst 1979 ändert sich die Lage, als Ashbery ausführlich in den »Akzenten« vorgestellt und die Leserschaft auf eine erste deutsche, von C. Cooper und J. Sartorius veranstaltete Werkauswahl mit dem Titel »Selbstporträt im konvexen Spiegel« vorbereitet wird. Von diesem Zeitpunkt an kommen auch Anthologisten wie Franz Link und Hans Christian Rohr nicht mehr an Ashbery vorbei. 1988 folgt dann eine weitere, von Joachim Sartorius allein verantwortete Auswahl mit dem Titel »Eine Welle«. Aber man wird auch bei diesem Band, bei nicht mehr als 700 verkauften Exemplaren, keineswegs von so etwas wie einem Durchbruch sprechen können. Die Hochkarätigkeit der Übersetzungen steht jedenfalls in keinem Verhältnis zu dem geringen Echo, das sie bei deutschen Lyriklesern fanden. Ihre Qualität ließe sich durch zahlreiche Beispiele illustrieren. Über die philologische Genauigkeit hinaus wird immer wieder eine Atmosphäre evoziert, die das Original geradezu vergessen läßt; und der deutschen Sprache eröffnet sich ein Terrain, von dem sie nicht wußte, daß sie es zu besetzen vermag. Es gelingt den Übersetzern unter anderem, die im Deutschen oft genug notwendige Elliptisierung – die Texte sollen ja nicht allzu umständlich oder abstrakt wirken – auf eine Weise zu handhaben, daß sich ein selbstverständlicher, ungezwungener Duktus ergibt. Und jenes Zuviel an Verdichtung und Komplexität, mit dem die deutsche Sprache das amerikanische Original zumeist belastet, schlägt bei Cooper / Sartorius als fremdartiger, intellektueller Reiz zu Buche. Ashbery wird, auch dort, wo er nur zu plaudern scheint, zu einem Autor von geradezu labyrinthischer Präzision. Ob es sich um die Schwierigkeit handelt, dem »›colloquial American‹ mit seinen typischen Verknappungen, Gerundien und häufig benutzten adverbialen Überleitungen« gerecht zu werden, darum, »die im Amerikanischen oft klar abgesetzten Sprachfelder – Slang versus Mandarinprosa« nicht allzu sehr zu homogenisieren oder für Ashberys flottierende Pronomina, insbesondere sein Fetischwörtchen »it« plausible Bezüge herzustellen: Joachim Sartorius erarbeitet Lösungen, die diesen Versionen einen festen Platz in der deutschen Nachkriegslyrik sichern.[2] Daß es dem österreichischen Schriftsteller Erwin Einzinger gelingen wird, die deutschsprachige Ashbery-Tradition über das von Sartorius Geleistete hinaus zu bereichern: Zu dieser Vermutung gibt der soeben erschienene Gedichtband »Hotel Lautréamont« allen Anlaß. Einzinger riskiert es nicht nur, erstmals einen vollständigen Ashbery-Band ins Deutsche zu übertragen, sondern beweist auch ein ganz und gar eigenständiges, eigenwilliges Talent.

Will man die bundesdeutsche Abstinenz Ashbery gegenüber nicht für bloßen Zufall halten, so wird man die Gründe vor allem in den Modellen suchen dürfen, die für das zur Verfügung standen, was man als ›Lyrik‹ hierzulande zu akzeptieren bereit war. Erinnert sei hier nur an jenen legendären Literatenstreit Mitte der 60er Jahre, der in der unübersichtlichen Landschaft der deutschen Nachkriegslyrik mit einem Schlag für Orientierung sorgte. Auf den ersten Blick ging es in der Fehde zwischen Walter Höllerer und Karl Krolow um quantitative Probleme, um »das lange und das kurze Gedicht«.[3] Im Grunde aber handelte es sich um die entscheidende Frage, ob der Begriff der Metapher noch als Konzept für die veränderten lyrischen Verhältnisse taugt oder ob man neue Wege beschreiten muß. Höllerer erwähnt in seinem Statement für das lange Gedicht den Begriff der Metonymie an keiner Stelle, aber alles, was er an Argumenten vorträgt, läuft auf diesen Begriff hinaus. Krolow dagegen, der Anwalt des kurzen Gedichts, erscheint im Licht dieser

Kontroverse als der konservative Verfechter der Metapher, auch wenn im Rückblick kein Zweifel daran bestehen kann, daß er die eigentlich traditionsbildende Gestalt der letzten drei Jahrzehnte gewesen ist. Niemand anderem als Krolow gelang das Kunststück, das ontologische Heimweh großteils aus der Lyrik zu vertreiben, ohne die den Deutschen liebste Form, das kurze Gedicht, auch nur anzutasten. Da hatte es die Höllerer-Fraktion von Anfang an schwerer, zumal sie fast ausschließlich auf außerdeutsche Entwicklungen angewiesen war. Die These, das Langgedicht habe sich in Deutschland nie wirklich etablieren können, bedarf bis dato keinerlei argumentativen Aufwands; die wenigen bedeutsamen Ausnahmen – von Hölderlin über Rilke bis zu Jürgen Becker – bestätigen sie nur. Ist es doch, als habe hierzulande stets ein stillschweigender Konsens geherrscht von der Art, wie Baudelaire einst über Langgedichte spottete: Sie seien die »Zuflucht derer, die unfähig sind, kurze zu machen«.

Erstaunlich ist nun, daß Ashbery nicht nur bei den Anhängern des Kurzgedichts auf Widerstand stieß, sondern gerade auch dort, wo man Neugier für diesen Dichter erwarten müßte: nämlich bei jenen Autoren, die für weiträumig angelegte Versgebilde, für vielstimmiges, metonymisches Schreiben plädierten und der Hermetik der 50er und 60er Jahre den Rücken kehrten. Wie es kam, daß Ashbery auch hier an der falschen Adresse war, zeigt beispielhaft Rolf Dieter Brinkmanns Gegenversion zu Ashberys Gedicht »Summer«, die Joachim Sartorius entdeckt und in den »Akzenten« präsentiert hat.[4] Ashberys Text erscheint aus dem Blickwinkel dieses so erfrischenden wie polemischen Unternehmens, das Motive aus dem Original benutzt und gegen den Strich bürstet, als eine Art Fortsetzung des Symbolismus mit amerikanischen Mitteln. Was einst die »jungen Spunde von der East Side mit den steinalten Europäern praktizierten« (Sartorius), schlägt nun mit umgekehrtem Vorzeichen auf einen der ihren zurück. Brinkmann entschließt sich, Ashbery als Décadent zu lesen, ihn gleichsam zu entamerikanisieren, um seine Vision eines lebenshungrigen, avantgardistischen, gegen jede metaphorische Versuchung gefeiten Amerika dagegensetzen zu können. Ob man Ashbery nun als ästhetischen Anarchisten verdächtigte oder ob man ihm, ganz im Gegenteil, klammheimlichen Revisionismus vorwarf: Es scheint, als habe dieser Autor stets zwischen allen Stühlen zu sitzen, die man hierzulande für die Lyrik reserviert. Freilich ist Ashbery an dieser verfahrenen Situation nicht völlig unschuldig. Hatte er doch all jenen, die sein Werk auf welche Position auch immer festzulegen versuchten, von Anfang an den Kampf angesagt. Von Buch zu Buch perfektionierte er sein Verfahren derart, daß längst nicht mehr zu entscheiden ist, ob es sich nun um eine einzige große Hommage an das postmoderne Anything-goes handelt (»garbage«, wie seine amerikanischen Feinde meinen) oder um einen letzten Versuch, die kratylische Kraft der Wörter zu erproben. Der deutsche Literaturbetrieb, seit jeher gewohnt, streng zwischen Unterhaltung und Ernst, Alltag und Metaphysik zu trennen, nahm offenbar vor allem das Skandalöse an Ashberys Tertiumdatur wahr.

Und doch finden sich auch die bekannten Ausnahmen von der Regel: Autoren, die der Verführung dieser in vielfacher Hinsicht fremden lyrischen Sprache nicht widerstehen wollten. Hier sind insbesondere Jürgen Becker zu nennen, der frühe Michael Krüger, Durs Grünbein, aber auch Dichter, die man am wenigsten als Ashbery-Sympathisanten verdächtigen würde: Botho Strauß etwa, der Joachim Sartorius nicht nur bei seinem harten Übersetzungshandwerk zu beraten bereit war, sondern auch in seinem Langgedicht »Diese Erinnerung an einen, der nur einen Tag zu Gast war« eine bemerkenswerte Reihe von Klassikern präsentiert: »*Eliot, Pessoa, Leopardi, / John Donne. Warum sollten nicht auch Stevens und Ashbery unter / ihnen gewesen sein?*«[5] Auch bei diesen meist fruchtbaren, eigenständigen Anverwandlungen handelt es sich um Fehllektüren, denen noch Spuren einer Entmischung anhaften, wie Brinkmann sie vorgeführt hat. Noch jene Texte, die der besagten Alternative gegenüber kreativen Ungehorsam üben, können sich, so scheint es, ihrer latenten Wirkkraft nicht entziehen. Ob Ashberys Verse bei den einen fast diaristisch nüchtern, ihrer Geheimnisse weitgehend entkleidet, wiederkehren – oder ob er, wie bei den anderen, als Geheimnisträger der besonderen Art Verehrung genießt: Niemand anderem als Ashbery gelingt es, zugleich Pate derjenigen zu sein, die die heiligen Wahrheiten stürzen wollten und gestürzt haben, als auch derer, die um eine Restauration eben dieser Wahrheiten bemüht sind.

»John Ashbery in Deutschland« ist so nicht nur die Geschichte von Berührungsängsten und Verfehlungen, Anlaß zur Klage über eine verquere Rezeption, sondern auch und vor allem die Geschichte eines Poeten, der seine Kritiker, Epigonen, Freunde, Feinde dazu verleitet, in Positionen zurückzufallen, die er, der notorisch zu spät und danach kommende, bereits hinter sich gelassen hat. So mag es unmöglich erscheinen, diesen im Sinne Deleuzes »ozeanischen«, allen Verortungen spottenden Dichter auf den Kontinent zurückzuholen, mit seinem Melvilleschen »I prefer not to« zurechtzukommen. Aber die Geschichte dieser und anderer Unmöglichkeiten ist zugleich das, was wir kulturellen Austausch, Transfer, Einfluß nennen, mit einem Wort: Literatur.

Erlauben Sie mir ein persönliches Postskriptum. John Ashbery zählt zweifellos zu jenem Dutzend Autoren der Weltliteratur, ohne die eine Geschichte der modernen Lyrik Makulatur wäre. Um es ein wenig inquisitorisch auszudrücken: John Ashbery nicht zu lesen gehört zu jenen Sünden, die der Gott der Dichtkunst nicht verzeiht. Nach der Horst-Bienek-Preis-Verleihung im Dezember 1992 hatte ich kurz Gelegenheit, mit Ashbery zu sprechen. Ich war erstaunt, einem Schriftsteller zu begegnen, dem das bitterernste, narzißtische Gehabe, das wir von unseren Meisterdichtern gewohnt sind, offensichtlich fremd war. Als ich mit einiger Verlegenheit auszudrücken versuchte, wie wichtig mir seine Werke in den letzten Jahren geworden seien und wieviel ich davon für mein eigenes Gedichteschreiben gelernt hätte, befreite er uns beide mit einem entwaffnenden »Should I give you my heart?« aus dieser angespannten Situation. Wir sprachen noch über manches andere, über Japan zum Beispiel und Lautréamont, aber dieser Satz blieb mir vor allem in Erinnerung, ebenso die Spontaneität, mit der der gebrechlich wirkende 65jährige Rock'n Roll-Bewegungen andeutete, als das Stichwort »New York« fiel. Aber es ist nicht nur subtiler Humor, mit dem dieser anarchische Melancholiker auf seine Leser zutritt, ein Humor, wie ich ihn sonst nur bei Jorge Luis Borges wahrgenommen habe. Es sind auch so altmodische Tugenden wie Höflichkeit und Diskretion, die in unserer Medien-Kultur der Selbstinszenierungen keinen Platz mehr haben. Überlassen wir das Schlußwort ruhig John Ashbery selbst, einigen Versen aus seinem »Hotel Lautréamont«:

... *Meine einzige Pflicht*
ist es nun, all denen zu danken, die es ausgehalten haben mit mir
und mir so lange vertraut haben. Es muß wie ein langer
Prozeß erschienen sein. Mein Dank ergeht auch
an andere, mit denen ich nie in Kontakt kam,
die vielleicht gar nicht mehr lebten, aber
irgendwie waren wir in Berührung, und während meine Feder
nun ihren eigenen Weg geht, sind es vor allem diese anderen,
die ich in Erinnerung behalten möchte. Mit einem Wort, **Merci**.

Anmerkungen

[1] John Ashbery, »Selbstporträt im konvexen Spiegel«. Gedichte 1956-1977. Aus dem Amerikanischen von Christa Cooper und Joachim Sartorius. München, Hanser 1980. John Ashbery, »Eine Welle«. Gedichte (1979-1987). Aus dem Amerikanischen von Joachim Sartorius. Mit einem Nachwort von Klaus Martens. München, Hanser 1988. John Ashbery, »Hotel Lautréamont«. Gedichte. Aus dem Amerikanischen von Erwin Einzinger. Salzburg-Wien, Residenz 1995.
[2] Vgl. Christa Cooper / Joachim Sartorius, Anmerkungen zu den Übersetzungen, in: John Ashbery, »Selbstporträt«, a.a.O., S. 115.
[3] Die Kontroverse wurde ausgetragen in »Akzente« 2 (1965), S. 97-99; »Akzente« 3 (1966), S. 271-287 und »Akzente« 4 (1966), S. 375-383.
[4] »Akzente« 3 (1985), S. 193-198. Auf den Schlagabtausch Brinkmann-Ashbery ging ich ausführlich in einem Vortrag ein, der im Rahmen einer Ringvorlesung zum Thema »Gegenwartsliteratur« am 26.6.1995 an der Universität München gehalten wurde.
[5] Diese und zahlreiche andere Hinweise verdanke ich Joachim Sartorius.

Lutz Hagestedt
Ob Sage oder Rede
Paul Wühr und das Gedicht

Den Weg des Lyrikers Paul Wühr von seinen Anfängen her darzustellen versuchen heißt, das gängige Bild von ihm partiell zu revidieren, heißt aber auch, die Stereotypen, in denen die Kritik zu denken gewohnt ist, die inhaltlichen und formalen, weltanschaulichen Raster und Schubladen, die für Lyrik bereitstehen, für einen Moment infrage zu stellen.

Paul Wühr ist für viele heutige Leser ein moderner, experimenteller, schwieriger und schwer verständlicher Autor, ein Vertreter der neuen Poesie, der »So-noch-nie-Dagewesenes« geschaffen habe. Wührs Leistungen auf dem Gebiet des neuen Hörspiels, sein Stadtpoem »Gegenmünchen«, seine Mitgliedschaft im ›Bielefelder Colloquium Neue Poesie‹ haben dazu beigetragen, ihn ausschließlich der Moderne zuzuschlagen, eine Einschätzung, die partiell auf einem Mißverständnis beruht. Denn Paul Wühr – Dichter, Philosoph, Theologe – ist ebenso ein anachronistischer Autor wie er ein Autor der Moderne ist.

Die westdeutsche Literatur nach 1945 ist dominant konventionell und traditionell, Autoren wie Thomas Mann, Walter von Molo, Frank Thieß oder Manfred Hausmann bestimmen den Diskurs Ende der 40er, Anfang der 50er Jahre, die wichtigsten Literaturpreise gehen an die Vertreter katholisch-konservativer und besinnlich-altfränkischer Schreibweisen, die eher an die »ästhetische Reaktion« der 30er Jahre anknüpfen als an die Errungenschaften der Frühen Moderne. Wer dieser deutschen Provinzialität ausweichen will, muß auf ausländische Autoren zurückgreifen: T. S. Eliot, Joyce, Proust, Faulkner, Hemingway gehören zu den meistgelesenen Autoren im Nachkriegsdeutschland.

Es gibt keine Indizien dafür, daß Paul Wühr damals seiner Zeit voraus gewesen wäre; er steht eher abseits, wenig beeindruckt und beeinflußt von literarischen Strömungen. Kaum bekannt ist, daß Paul Wührs Autorschaft mit quasireligiösen Texten und Textsorten begonnen hat. Seine Poesie hat er von Anfang an als einen Dialog mit Gott begriffen: »im Grunde seh ich auch Schreiben als einen religiösen Akt an. Als Offenbarung«. Gleich nach dem Krieg, 1947, beginnt er, Hymnen zu schreiben, Oden mit religiösem Bezug, christlich-katholischer Problematik. Es ist keine orthodoxe Traktat- oder Bekenntnisliteratur, aber doch – »religiös gesehen« – ein ständiges »Abhören: Mach ichs […] richtig, […] erfülle ich meine Aufgabe?«

1949 und 1950 besucht er in München Romano Guardinis Vorlesungen in Christlicher Weltanschauung und Religionsphilosophie. Bis 1955 entstehen 27 Hymnen, »Fegfeuerhymnen« zwischen 1945 und 1950, später »Himmlische Hymnen«, wie Paul Wühr in einem Gespräch mit Lucas Cejpek (»Wenn man mich so reden hört«) mitteilt. Langgedichte, die der Autor zum kleineren Teil als Privatdrucke (»Resurrectio«, »Terra Nova«, 1955) erscheinen oder in der Zeitschrift »Seele« 1957/58 drucken läßt, zum größeren Teil in andere Werke übernimmt, das heißt vor allem in seine Großpoeme »Gegenmünchen« (1970) und »Das falsche Buch« (1983) einfügt und umbaut. Auch »Die blaue Talion«, ein Projekt, an dem Wühr seit Mitte der 80er Jahre schreibt, wird vermutlich noch Versatzstücke dieser frühen Jahre enthalten. Diese Texte mit quasi religiösem Gestus entsprechen der Wührschen Kreativität, die schöpferisch, gestalterisch mit vorgefundenem Material umgeht, es zerpflückend und wieder neu ordnend, eine Art »re-creatio«.

Der Vielleser und Allesverwerter Paul Wühr steht in den ersten Nachkriegsjahren unter dem Einfluß von Autoren wie Josef Leitgeb, Walter Pater, Francis Thompson und Ludwig Wittgenstein, die er durch Ludwig von Fickers Zeitschrift »Der Brenner. Halbmonatsschrift für Kunst und Kultur« kennenlernt. In der Oden- bzw. Hymnenzeit (1947 – 1955) ist vor allem Francis Thompson (»Shelley«, »The Hound of Heaven«) für ihn wichtig. Paul Wühr nennt ihn den »Poeten der Rückkehr zu Gott«, weil er die »Schöpfung ohne eigenen Willen« und das »Lebenmüssen in der

Schöpfung« beschrieben habe. Ihm hat Wühr in der Zeitschrift »Seele« einen eigenen Essay gewidmet. Aus dieser Zeit, Ende der 50er Jahre, dürfte auch sein Essay über »Das Geistliche Jahr der Droste« stammen. In diesem Essay schreibt er über die Droste und ihr Verhältnis zu Gott: »*Es ist ihr ebenso unmöglich, in die Verzweiflung abzufallen, wie es ihr unmöglich ist, einfältig zu vertrauen.*«

Die frühen Oden und Hymnen des nach katholischem Ritus getauften Schriftstellers sind weder orthodox bzw. fromm, noch paganisch oder gar blasphemisch. Ein Priester hat Paul Wührs Verhältnis zur Religion folgendermaßen beschrieben: »Sie sind an sich ein Heide, Sie haben gar nichts mit der katholischen Kirche im Grunde zu tun, aber Sie sind auf eine Weise fromm. Heidnisch fromm. […] Sie sind frech, Sie sind blasphemisch. Sie sind alles, aber Sie reden mit Gott. Er ist für Sie geradezu da. Und den reden Sie an, daß andere vor Schrecken umfallen würden.« Wührs Hymnen sind als eine Art Zwiegespräch mit Gott zu verstehen, ein Gespräch, in dem das Geschöpf mit seinem Schöpfer in unkonventioneller, sehr offener, oft aggressiver Weise spricht. Seine Haltung ist keine demutsvolle, sondern eine fordernde und herausfordernde. Provokation und Trotz sind die Merkmale dieser Rede – sie spricht Gott in einer Weise an, die als Frechheit verstanden werden müßte, würde sie nicht die existentielle Not des Sprechers erkennen lassen – eines Sprechers, der mit der höchsten Autorität spricht, die es für ihn gibt, mit dem höchsten Anspruch und Respekt: »es gibt nichts Schöneres, als daß beim lieben Gott alles so fantastisch zusammenpaßt! Und die größte Sünde neben dem größten Heidentum!« Neben die Autorität Gottes tritt dann schon die der Poesie: Auch ihr muß Genüge getan werden. Schreiben wird ein religiöser Akt, tendiert zur Offenbarung.

Der eigensinnig religiöse Impetus Paul Wührs zeigt sich nicht nur in seinen frühen Gedichten, sondern ist seiner Lyrik in späteren Phasen bis heute immanent. Ende 1959 stellte Wühr die Urfassung seines Großpoems »Der Sonderfisch« fertig, das ursprünglich unter dem Titel »Benedikt Ondrach« konzipiert worden ist. Dieser Roman kann als kritische Auseinandersetzung mit dem Phänomen der Gemeinde-Bildung gelesen werden. Die Bildung von Religionsgemeinschaften, Gemeinden, Sekten, Vereinen ist für Wühr gleichbedeutend mit Ausgeschlossensein, Separation und – Provokation. Die schlimmen Folgen solcher Separation wird er später in einem Olympischen Hymnus darstellen. Durch seinen drei Jahre jüngeren Bruder Hermann, der Priester in einem katholischen Orden in einer Münchner »Integrierten Gemeinde« war, hat Wühr die »furchtbare, strenge Orthodoxie« einer sektenartigen Gruppierung kennengelernt, die eine besonders enge Gemeinschaft mit Christus zu leben versucht. Der Bruder, »ein Priester, eine Seele, ein Heiliger«, ist für den Autor (bis zum Umzug nach Italien im Juli 1986) eine kritische Instanz bei Werkstattgesprächen.

In vielen Texten werden Glaubensnot und Glaubenskrise, Gott als Adressat und Widersacher, als Zumutung für das menschliche Subjekt und als überhaupt fragliche Instanz thematisiert. Wührs Hörspiel »Gott heißt Simon Cumascach« (1965) erzählt ein »Gleichnis vom Gehorsam«, von einem Sohn, der seinen Vater und Schöpfer aus Trotz herausfordert, so daß dieser die Fassung verliert und auf schreckliche Weise schuldig wird. Das Hörspiel »Die Rechnung« (1964) ist eine fulminante Auseinandersetzung mit dem Priestertum: Monsieur Tarot hat Mademoiselle Beauvivier ermordet und beraubt, »weil sie fromm war und zur Zeit ihrer Ermordung ohne Sünde«. Nun will Tarot die Beichte ablegen und von seinem Priester die Lossprechung von seinen Sünden erzwingen: Weil er bereue, müsse er »nicht mehr befürchten, verdammt zu werden.« Es geht Tarot darum, die Ohrenbeichte und Gnadenwahl als priesterliche Anmaßung gegenüber Gott zu entlarven.

Als erstes großes Langgedicht läßt Paul Wühr 1955 seinen Hymnus »Resurrectio« erscheinen: Der Text thematisiert die Kreuzigung, Grablegung und Auferstehung Christi im Zeichen des Kreuzes. Die Vertikale und die Horizontale des Kreuzsymboles werden im Verlauf des Hymnus mehrfach umsemantisiert. In »Terra Nova«, ebenfalls 1955 als Privatdruck erschienen, steht die messianische Erwartung einer neuen Ordnung, einer »gewandelten« Erde im Mittelpunkt. Der »Leib« der Erde und des Logos öffnet sich »zu neuer Geburt«, »Donner gehen hervor«, »der Herr, alleluja, ist da«. Charakteristisch für diese Texte ist, daß niemals klar wird, wer hier eigentlich zu wem spricht, wo Zäsuren im Sprechakt (Wiedergabe von wörtlicher Rede und Zitat) anzusetzen sind, wer hier spricht, wenn er zum Beispiel sagt: »Ich bin Palme«. Der alttestamentarische Tonfall und der gelegentliche Wechsel ins Lateinische lassen auf eine entindividualisierte, quasi »kulturell vorgeprägte« Redeinstanz schließen, die mit bestimmten vorgegebenen Topoi operiert. Paul Wührs Arbeitsweise besteht hier schon in der Zerstückelung fremder und eigener Texte, deren Fragmente umgruppiert und umsemantisiert werden. Verschiedene Sprachschichten aus verschiedenen Zeiten kommen hier nebeneinander zu stehen und gehen miteinander eine neue Verbindung ein. Wührs Arbeiten wirken bisweilen wie Verwerfungen oder Brüche im Erdreich – Sedimentierungen der Poesie.

Die religiösen Wurzeln dieser Lyrik sind thematisch und sprachlich auch in den späteren Großpoemen und Gedichtbänden Paul Wührs erkennbar. Neben den profanen Räumen bestimmen zahlreiche sakrale Bauten, Plätze und Stationen die Topographie und das Streckennetz von »Gegenmünchen« (1970). Sie bestehen aus dem »biblischen Garten«, den Friedhöfen, dem Dom und den Kirchen, dem »Dreifaltigkeitsplatz« und dem Bürgersaalkeller, in dem der seliggesprochene Pater Rupert Mayer SJ beigesetzt ist. Alte und neue »Glaubenssätze«, die des Christentums und die der Revolution von 1968/69, treffen hier aufeinander. Jesus Christus und Rudi Dutschke begegnen sich im »biblischen Garten«. Dort heißt es: »*Gott ist die dritte Person erfunden aus Angst / vor der zweiten*« (80) und »*Fleisch geworden ist das Wort / Amen*« (83).

Der Gedichtband »Grüß Gott ihr Mütter ihr Väter ihr Töchter ihr Söhne« (1976) läßt am oberen Rand des Titelbildes gerade noch die Füße des Gekreuzigten erkennen. Das lange Gedicht, das mit den Worten »*Die Stadt / in allen Sprachen ausgestorben*« beginnt, entsteht 1972 und wird als Plakatdruck mit dem Titel

»Olympische Hymne« noch vor Beginn der Münchner Sommerspiele auf der Leopoldstraße verkauft. Dort heißt es: »*Mörder auf Sperrsitzen / Blumen auf Bäuchen Jesus / verrückt geworden / das Blutvergießen still [...] vorwärts bis Mord rechts / links / rückwarts bis Opfer verrückt / zum Terror*«. Die »Olympische Hymne« spricht ohne Heilsgewißheit und ohne Zukunftssicherheit. Sie enthält Fragmente des Glaubensbekenntnisses, umgemünzt in ein blasphemisch anmutendes Gebet: »*du Herr hast Hund / mit Bein den Baum / erhoben zur Rechten / deine Pisse [...] süßer / Herr Mensch / auf der Zielgeraden der Lauf / in den Tod Amen / et lux perpetua / luceat ei*«. Diese Beispiele belegen, daß Paul Wühr tendenziell immer auf Texte anderer Provenienz Bezug nimmt, oft kulturell prominente, häufig jedermann geläufige Texte voraussetzt, darunter eben solche aus religiösen Kontexten, die er in den »Bedeutungskontext der eigenen Rede« stellt, exemplarisch etwa der Eingangstext von »Grüß Gott«, »wo die oberste Sprechinstanz die jüdisch-christliche, göttliche Schöpfung des Menschen wie die christliche Selbstdarstellung des Erlösers abruft, aber zugleich – durch das Stichwort ›Fehler‹ – blasphemisch transformiert« (Titzmann / Wünsch):

Ich habe den Fehler nicht
machen müssen weil

der sagt
ich bin der Fehler
der ich bin

lasset uns den Fehler machen
ein Bild
das uns gleich sei

Ein Bedeutungsaspekt dieser »Rede« ist die geistliche Rede, die Rede in göttlichem Auftrag. Sie ist »wie ein spiritueller Körper« (Jörg Drews), der verbal auftritt und sich selber thematisiert.

Von 1963 bis 1967 schreibt Wühr sieben Hörspiele und etwa zeitgleich auch die Gedichte von »Gegenmünchen«, bzw. Gedichte, aus denen dann später »Gegenmünchen« gebaut wird. Aus den Originalton-Hörspielen »Preislied« (1971), »So eine Freiheit« (1972), »Trip Null« (1971) und »Verirrhaus« (1972) geht 1973 das Textbuch »So spricht unsereiner« hervor. Die Originalton-Hörspiele sind seinerzeit aus Tonbandaufzeichnungen realer Sprecher hervorgegangen, die Paul Wühr stark bearbeitet hat; für das Textbuch »So spricht unsereiner« ist das Ausgangsmaterial noch weiter transformiert worden: »Die Autoreninstanz überführt, was Prosa der realen Sprecher war, jeweils, durch die graphische Anordnung der Aussagen, in Verse des fiktiven Sprechers. Aus realer und prosaischer Rede wird fiktive und lyrische« (Titzmann / Wünsch). Dominante Themen dieser neuen Lyrik sind die unbefriedigende Situation des Subjekts in der Gesellschaft, sein Leiden durch Überforderung, Fremdbestimmung und reduzierte Selbsterfahrung, Unbehagen und Angst vor Versagen in zwischenmenschlichen und vor allem sexuellen Beziehungen. »Unsereinem wird alles zum Dämon« – selbst das frustrierende sexuelle Erlebnis unter dem Zeichen des Kreuzes: »*ein Kruzifix war da auch noch / und da war der Arm […] und da haben wir so Spiele / miteinander gemacht […] da sagt er / ich komm' ins Bett […] und ich will da reinstecken so so // das durchdringt mein Ganzes // wie Schweißperlen / so da in Gethsemane […] daß bei mir ein Haß herausgekommen ist / ein Haß auf Männer // und dann hab' ich das Kruzifix angeguckt / angetippt / und plötzlich war der Arm ab*«.

In Paul Wührs Gedichtband »Rede« (1979) hat der Mai als Frühlings-, Pfingst- und Revolutionsmonat eine tragende Funktion, er wird mit der Schöpfungsgeschichte, der Epiphanie, dem Erscheinen Gottes in der Welt und der Passionsgeschichte, mit dem Hör- und Sprechwunder zu Pfingsten (Apostelgeschichte) verknüpft: »*wie am ersten Tod dieses / Pfingsten im Mai als wir / in allen Sprachen // verreisen*«. Wie in seinen Anfängen (»Resurrectio«) scheint Wühr hier gegen den Tod anschreiben zu wollen, gegen den der Schöpfung eingeschriebenen Verlauf des Lebens zum Tode. Dieses Negieren des Todes praktiziert die personifizierte Poesie noch in ihrem Körperverhalten, indem sie sich umdreht und der Zukunft den Rücken zukehrt.

In »Sage« (1988) gibt es kaum noch Kohärenz, weder auf der histoire- noch auf der discours-Ebene. Die fehlenden Satzzeichen, die Ellipsen, die mehrfach bezüglichen syntaktischen Einheiten, die Bedeutungsverschiebungen bei Partikeln, Lexemen, Idiomen und Bildern, erzeugen eine Fülle von Lesarten und stärker noch eine Bedeutungs- und Funktionsunsicherheit. Es genügt auch hier nicht, der »Leserichtung« zu folgen, die erfahrungsgemäß formale und inhaltliche Zusammenhänge stiftet bzw. hierarchische Strukturen der Texte offenlegt: Die Texte erweisen sich als Fortschreibungen des nie Fixierbaren, als Momentaufnahmen in einem nie abgeschlossenen, sich ständig erweiternden und verändernden Schreibprozeß. Kategorien wie Anfang und Ende, Perspektive und Richtung sind in ihrer Brauchbarkeit für diese Dichtung stark eingeschränkt, denn wir haben es hier eher mit einer Mosaikarbeit, einem horizontalen, flächigen, offenen Erweiterungstyp von Literatur zu tun. Auch der – häufig verschleierte – Fragegestus sowie der Aufforderungsgestus dieser Lyrik tragen dazu bei, daß es hier keine Entwicklung, keine Darstellung gibt, kein ausgeprägtes Raum-Zeit-Kontinuum, keine Eindeutigkeit, stattdessen ein geschachteltes System von Varianten.

Auffällig und bedeutsam in »Sage« ist die Absenz von Namen. Das philosophische und theologische Problem des »Namens«, aus der Schöpfungsgeschichte (Gen 2, 19-20) in die »Sage« quasi herübergeholt, wird deutlich am Beispiel der christlichen Mythologie und am Beispiel der germanischen Heldensagen und ihrer Vereinnahmung durch nationalistische Kräfte. Bei vielen Texten muß man den Nationalsozialismus mitlesen, etwa beim Bild des Kreuzritters, der Blut, aber nicht das eigene, für seinen Gott vergießt. Die verschiedenen Mythen, vor allem die Christliche Sage von der Geburt, dem Heiligen Abendmahl, der Kreuzigung und dem Tod Jesu tragen zur Palimpsest-Struktur des Bandes bei. Die Einzeltexte in den beiden Gedichtbänden, »Ob« (1991) und »Ob der Magus im Norden« (1995), beginnen jeweils mit dem Fragepartikel »ob«. »Der Magus im Norden« – damit ist der Polyhistor Johann Georg Hamann (1730–1788) gemeint. Der Beiname wurde ihm aufgrund seines »dunklen« Stils und seines christlich fundierten Denkens verliehen. Hamann erfuhr die Bibel als unmittelbare Anrede Gottes, er verfaßte philosophische und ästhetische Schriften, in denen er gegen das einseitige Vernunftdenken der Aufklärung polemisierte und die »Würde der Offenbarung« verteidigte. Hamann gehört, nicht zuletzt durch seine regellose Rabulistik, gewissermaßen zu Paul Wührs Kronzeugen.

Der Weg Paul Wührs als Lyriker führt also zur sprachlich wie inhaltlich durch religiöse Texte inspirierten Autorschaft zurück. Dazwischen liegen »Gegenmünchen« und »So spricht unsereiner«, zwei sehr stark vom Originalton-Hörspiel und von der Alltagsrede dominierte Werke. In »Grüß Gott« haben wir eine Dominanz der dargestellten Sprechsituation, soll heißen, daß sehr viel über das »Wie« der lyrischen Rede gesprochen wird. Die Sprechhaltung der einzelnen Texte ist sehr heterogen, die Themen sind vielfältig. In »Rede« haben wir eine Dominanz der dargestellten Welt, die Sprechhaltung ist sehr viel einheitlicher als in »Grüß Gott«, die einzelnen Gedichte sind sich zum Verwechseln ähnlich und schöpfen aus demselben Wortfundus: Aus minimalem Materialaufwand wird durch virtuose Kombinatorik maximaler semantischer Reichtum gewonnen. In »Sage« schließlich haben wir Ellipsen und Nullpositionen in allen Bereichen, formal und inhaltlich heterogene, mehrfach gegliederte Texte und Textgruppen, sowie Kleinzyklen, die sich – wie die Texte der »Rede« – äußerlich und inhaltlich gleichen. Bei zunehmend weniger Darstellung von Realität wird zunehmend mehr Bedeutung aufgebaut. Paul Wühr betreibt Weltschöpfung per Sprache, durch Umstrukturieren des Vorhandenen, durch Erweiterung der Funktionen der Funktionswörter, durch die ungewohnte Grammatikalität seiner Sätze, durch Neutralisierung von Modus und Tempus von Sprechakten, durch Ersetzungsoperationen, durch bewegliche, mehrfach beziehbare Wörter, Verse, Versgruppen, Satzglieder und so weiter. Diese Lyrik fasziniert uns, bevor wir beginnen, sie zu verstehen. Sie ist der Komplexität unserer Realitätserfahrung angemessen und bildet die Schwierigkeit ab, über Realität adäquat zu sprechen.

Die Autorinnen und Autoren

Beil, Ulrich J.
*1957 in München, lebt in São Paulo (Brasilien). Studium der Germanistik, Philosophie, Theologie und Politologie. Dr. phil. Seit Frühjahr 2000 Professor Visitante an der Universidade de São Paulo. Mehrere Gedichtbände, zuletzt: »Aufgelassene Archive«, DuMont Verlag (1998).

Draesner, Ulrike
*1962 in München, lebt in Berlin. Studium der Germanistik, Anglistik und Philosophie. Promotion. Mehrere Auszeichnungen, u. a.: *Förderpreis zum Friedrich-Hölderlin-Preis* der Stadt Homburg (2001). In der LYRIKEDITION 2000 erschien die Neuausgabe ihres Gedichtbandes »gedächtnisschleifen« (2000). Jüngster Gedichtband: »für die nacht geheuerte zellen«, Luchterhand Literaturverlag (2001).

Drawert, Kurt
*1956 in Hennigsdorf (Brandenburg), lebt in Darmstadt. Etliche Auszeichnungen, u. a.: *Leonce-und-Lena-Preis* (1989) und *Ingeborg-Bachmann-Preis* (1993). Herausgeberschaften u. a.: »Das Jahr 2000 findet statt«, Suhrkamp (2000) und »La Poésie Allemande Contemporaine«, Seghers Verlag (2001). Mehrere Gedichtbände, zuletzt: »Frühjahrskolleketion«, Suhrkamp Verlag (2002).

Enzensberger, Hans Magnus
*1929 in Kaufbeuren, lebt in München. Promotion (Dr. phil.). Zahlreiche Übersetzungen und Herausgaben. Etliche Auszeichnungen, u. a.: *Heine-Preis* der Stadt Düsseldorf (1998). Viele Gedichtbände, u. a.: »Leichter als Luft«, Suhrkamp Verlag (1999).

Grass, Günter
*1927 in Danzig, lebt in Lübeck. Steinmetzlehre, Studium an der Düsseldorfer Kunstakademie und der Berliner Hochschule

für Künste. Dr. hc. mult. (u. a. Universität Harvard). Zahlreiche Auszeichnungen, u. a.: *Nobelpreis für Literatur* (1999). Lyrischer Einzeltitel u. a.: »Novemberland. 13 Sonette«, Steidl Verlag (Neuausgabe 2001).

Grünbein, Durs
*1962 in Dresden, lebt in Berlin. Etliche Auszeichnungen u. a. *Georg-Büchner-Preis* (1995). Mehrere Einzeltitel, u. a.: »Nach den Satiren«, Suhrkamp Verlag (1999) und »Das erste Jahr. Berliner Aufzeichnungen«, Suhrkamp Verlag (2002).

Hagestedt, Lutz
*1960 in Goslar, lebt in Frankfurt am Main. Studium der Germanistik. Promotion (Dr. phil.). Chefredakteur von »www.literaturkritik.de« (Uni Marburg). Veröffentlichungen u. a.: »Paul Wühr. Materialien zu seinem Werk«, Friedl Brehm Verlag (1987), »Lieblingsgedichte der Deutschen«, Artemis & Winkler Verlag (2001).

Hahn, Ulla
*1946 in Brachthausen (Sauerland), lebt in Hamburg. Studium der Literaturwissenschaft, Geschichte und Soziologie. Promotion (Dr. phil.). Lehraufträge an den Universitäten Hamburg, Bremen und Oldenburg. Literaturpreise u. a.: *Friedrich-Hölderlin-Preis* (1985). Viele Gedichtbände, u. a.: »Galileo und zwei Frauen. Neue Gedichte«, DVA – Deutsche Verlags-Anstalt (1997) und zuletzt »Das verborgene Wort. Roman«, DVA – Deutsche Verlags-Anstalt (2001).

Hensel, Kerstin
*1961 in Chemnitz, lebt in Berlin. Studium am Institut für Literatur, Leipzig. Mitarbeiterin der Leipziger Theater. Lehraufträge an der Hochschule für Schauspielkunst und am Institut für Literatur. Etliche Auszeichnungen, u. a.: *Leonce-und-Lena-Preis* (1991). Mehrere Gedichtbände, u. a.: »Bahnhof verstehen. Gedichte 1995–2000«, Luchterhand Literaturverlag (2001).

Höllerer, Walter
*1922 in Sulzbach-Rosenberg, lebt in Berlin. Promotion (Dr.

phil.), Habilitation. Professor für Germanistik und Vergleichende Literaturwissenschaft an der Techn. Universität Berlin. Auszeichnungen u. a. *Horst-Bienek-Preis für Lyrik* (1993). Veröffentlichungen u. a. »Gedichte 1942–1982«, Suhrkamp Verlag (1982).

Holzberg, Niklas
*1946 in Dillingen, lebt in München. Studium der Germanistik und Klassischen Philologie. Promotion (Dr. phil.). Seit 1983 Professor für Klassische Philologie in München. *Förderpreis der Stadt Nürnberg*. Mehrere Buchveröffentlichungen, u. a.: »Ovid. Dichter und Werk«, C. H. Beck (1998), »Catull. Der Dichter und sein erotisches Werk«, C. H. Beck (2002).

Kemp, Friedhelm
*1914 in Köln, lebt in München. Studium der Romanistik. Verlagslektor, ehem. Leiter der Abteilung Literatur des BR, Übersetzer, Honorarprof. für Komparatistik. *Joseph Breitbach-Preis* (1998). Übersetzer u. a. von Baudelaire (sämtliche Werke), Bonnefoy, Jaccottet.

Kohtes, Michael
*1959 auf Gut Rosanel bei Köln, lebt in Köln. Studium der Geschichte und Germanistik. Autor und Rundfunkredakteur. Auszeichnungen u. a.: *Vera-Piller-Poesiepreis* (1986). Mehrere Einzeltitel, u. a.: »Boxen. Eine Faustschrift«, Suhrkamp Verlag (1999).

Krolow, Karl
*1915 in Hannover, verstorben am 21.6.1999 in Darmstadt. Studium der Germanistik, Romanistik, Kunstgeschichte und Philosophie. Ehrendoktor der Techn. Hochschule Darmstadt (Dr. phil. h. c.). Zahlreiche Auszeichnungen, u. a.: *Georg-Büchner-Preis* (1956). Etliche Gedichtbände, u. a.: »Die Handvoll Sand. Gedichte aus dem Nachlaß«, Insel Verlag (2001).

Kunert, Günter
*1929 in Berlin, lebt in Kaisborstel bei Itzehoe. Studium an der Kunsthochschule Berlin-Weißensee. Mehrere Auszeichnungen, u. a.: *Georg-Trakl-Preis* (1997). Zahlreiche Gedichtbände,

u. a.: »Nachtvorstellung«, Carl Hanser Verlag (1999). In der LYRIKEDITION 2000 erschien 2000 die Neuausgabe von »Warnung vor Spiegeln«.

Leitner, Anton G.
*1961 in München, lebt in Weßling bei München. Verlagsleiter, Publizist und Dozent. Mehrere Literaturpreise, zuletzt: *Kulturpreis des Landkreises Starnberg* (2002). Jurymitglied beim *Leonce-und-Lena-Preis* der Stadt Darmstadt (2001). Vier Gedichtbände, u. a.: »Das Meer tropft aus dem Hahn. Fließ, Blätter« (2001) Neuausgabe in der LYRIKEDITION 2000 (2002) und die Erzählung »Still Leben Ohne Dichter« (1997), Kowalke & Co. Verlag. Herausgeber von zahlreichen Anthologien. Zuletzt: »Heiß auf dich. 100 Lock- und Liebesgedichte«, dtv / Hanser (2002) und »Wörter kommen zu Wort. 100 Gedichte aus 10 Jahren DAS GEDICHT«, Artemis & Winkler Verlag (2002).

Luzi, Mario
*1914 in Florenz, lebt dort. Studium der Romanistik. Promotion. Langjährige Tätigkeit als Professor für franz. Literatur. Lyriker, Herausgeber und Übersetzer. Zahlreiche Literaturpreise. Gesammelte Gedichte: »Tutte le poesie« (2 Bde.), Garzanti (1998). Zweisprachig: »Wein und Ocker. Ausgewählte Gedichte«, Klett-Cotta (1993) und »Ein Lächeln, das alles verwirrt. Ein Dichter in China. Gedichte (Zweisprachig) und ein Tagebuch«, edition DAS GEDICHT / AGLV (2001).

Marti, Kurt
*1921 in Bern, lebt dort. Studium der Theologie. Pfarrer in Bern. Ehrendoktor der Universität Bern. Mehrere Literaturpreise, u. a.: *Kurt-Tucholsky-Preis* (1997). Zahlreiche Veröffentlichungen, zuletzt: »Leichenreden«, Verlag Nagel & Kimche (2001).

Rakusa, Ilma
*1946 in Rimavska Sobota (Slowakei), lebt in Zürich. Studium der Slawistik und Romanistik. Schriftstellerin, Übersetzerin, Lehrbeauftragte an der Universität Zürich. Auszeichnungen u. a.: *Petrarca-Preis für Übersetzungen* (1991), *Leipziger Buchpreis zur Europäischen Verständigung, Anerkennungs-*

preis (1998). Jüngste Gedichtbände: »Ein Strich durch alles. Neunzig Neunzeiler«, Suhrkamp Verlag (1997) und »Love after love. Acht Abgesänge«, Suhrkamp Verlag (2001).

Sartorius, Joachim
*1946 in Fürth, lebt in Berlin. Studium der Rechts- und Politischen Wissenschaften. Promotion. Diplomat (1974–1986). Seit 2001 Intendant der Berliner Festspiele, vorher Generalsekr. des Goethe-Instituts. Übersetzertätigkeit. *Paul-Scheerbart-Preis für Lyrik-Übersetzungen* (1998). Etliche Herausgeberschaften, u. a.: »Atlas der neuen Poesie«, Rowohlt (1996). Mehrere Gedichtbände, zuletzt: »In den ägyptischen Filmen«, Suhrkamp Verlag (2001).

Schmidt, Kathrin
*1958 in Gotha, lebt in Berlin. Diplompsychologin, Redakteurin und Sozialwissenschaftlerin. Mehrere Auszeichnungen, u. a.: *Leonce-und-Lena-Preis* (1993). Die Neuausgabe ihres Gedichtbandes »Flußbild mit Engel« erschien 2000 in der LYRIKEDITION 2000. Jüngster Gedichtband: »Go-In der Belladonnen«, Kiepenheuer & Witsch (2000).

Wühr, Paul
*1927 in München, lebt in Passignano sul Trasimeno (Italien). Auszeichnungen u. a.: *Großer Literaturpreis der Bayerischen Akademie der Schönen Künste* (1997). Mehrere Lyrikbände, zuletzt: »Venus im Pudel«, Carl Hanser Verlag (2000).

Zanzotto, Andrea
*1921 in Pieve di Soligo (Treviso), lebt dort. Studium der Altphilologie. Promotion. Zahlreiche Gedichtbände, u. a.: »Lorna, Kleinod der Hügel / Lorna, gemma delle colline«, Gunter Narr Verlag (1990), »La Beltà / Pracht«, Engeler e Folio (2001).

Ziebritzki, Henning
*1961 in Wunstorf, lebt in Tübingen. *Niedersächsischer Förderpreis für Literatur* (1996). Mehrere Gedichtbände, u. a.: »Randerscheinungen«, S. Fischer Verlag (1998).